Weisheit im Märchen

Weisheit im Märchen
Herausgegeben von Theodor Seifert

Rosmarie Bog

Das Wasser des Lebens

Eine sanfte Erlösung

Kreuz Verlag

CIP-Kurztitelaufnahme der Deutschen Bibliothek

Bog, Rosmarie:
Das Wasser des Lebens: e. sanfte Erlösung /
Rosmarie Bog. – 1. Aufl. – Zürich: Kreuz-Verlag, 1985.
(Weisheit im Märchen)
ISBN 3-268-00029-0

1. Auflage
© Kreuz Verlag AG Zürich 1985
Gestaltung: Hans Hug
Umschlagfoto: Werner H. Müller
ISBN 3 268 00029 0

Inhalt

Vorwort
7

Das Wasser des Lebens
11

Märchen – einmal beim Wort genommen
19

Der König,
der zweimal gesund werden mußte
26

Das heil-lose Brüderpaar
50

Der Held, der keiner war
72

Große Macht in kleiner Gestalt
97

Brot statt Tod
116

Die Jungfrau, die endlich erlöst wird
133

Wasser des Lebens
159

Vorwort

Sanft ist ein erlösendes Wort geworden, ein hoffnungsvolles Zeichen in Zeiten zunehmender Gewalt und nicht mehr vorstellbarer Zerstörungsmöglichkeiten. Wasser kann beides symbolisieren: größte Kraft und fließende sanfte Bewegung, die manchmal sehr langsam und »tropfenweise« große Räume ausfüllt und überall hingelangt. Im alten chinesischen Weisheitsbuch I-Ging heißt es vom Wasser: »Das Wasser gibt das Beispiel für das rechte Verhalten, es fließt immer weiter und füllt alle Stellen, durch die es fließt, eben nur aus, es scheut vor keiner gefährlichen Stelle, vor keinem Sturz zurück und verliert durch nichts seine wesentliche eigene Art. Es bleibt sich in allen Verhältnissen selber treu. (Nr. 29).«

So wird es zu einem Bild vom Wasser des Lebens, von dem das Märchen handelt. Hier siegen nicht Gewalt und List, sondern Beharrlichkeit und Behutsamkeit, ja letztlich die in der liebenden Begegnung mit der Jungfrau geweckten und unter schwierigen Bedingungen gewachsenen neuen inneren Werte des Helden. Sie zeigen sich in seiner Einstellung, der eine menschliche Beziehung wertvoller ist als der goldene Belag der Straße, die zum Schloß der Prinzessin führt. Gerade weil er das edle Metall nicht höher achtet als die Verbindung zu ihr und zu seiner inneren Weiblichkeit, steht und geht er auf einer unverfälschten und dauerhaften Grundlage, an der die Zeit nicht nagt.

Engagiert und so lebensnah, daß sich jeder Leser darin wiederfinden kann, schildert die Autorin den Weg zu neuen Lebensmöglichkeiten. Das Buch ist so angelegt, daß jede Märchenfigur einer unserer Zeitgenossen sein könnte, der seine Suchwanderung macht und dabei in viele innere und äußere Sackgassen gerät, seinem Hochmut und seiner Engstirnigkeit, seiner naiven Vertrauensseligkeit, neben vielem anderen aber auch seiner unbändigen Sehnsucht nach Liebe und Leben begegnet.

Wie wir, manchmal über große Umwege, aus den Sackgassen herausfinden können und nicht bewegungslos und für immer festgelegt und erstarrt darin eingezwängt sein müssen, wird in diesem Märchen unter der ebenso anregenden wie ermutigenden Führung der Autorin zum bleibenden und neues Vertrauen begründenden Erlebnis.

Wenn Sie sich schon lange nicht mehr mit Märchen beschäftigt haben, ist es ratsam, zuerst einmal den Text des Märchens, den Sie auf den Seiten 11 bis 18 dieses Bandes finden, zu lesen und das Märchen in Ruhe auf sich wirken zu lassen. Spüren Sie dabei dem nach, was es in Ihnen anregt, und lassen Sie sich von der ihm eigenen Kraft und Vision verzaubern, lassen Sie sich aber auch von Ihren eigenen Reaktionen überraschen. Seit langem schon kam die wissenschaftliche Beschäftigung mit den Märchen zu der Erkenntnis, daß diese besonderen Geschichten einen direkten Bezug zum Erleben und zur Seele des Menschen haben. Märchen spiegeln typische, allgemein menschliche Situationen und Schicksale wider, und jeder Leser kann sich in ihnen auf die eine oder andere Weise wiederfinden. Trotz der »märchenhaften« Veränderungen sind die Parallelen zu persönlichen Lebenssituationen leicht aufzufinden.

Märchen sind auch Ratgeber und Vor-Bilder für die verschiedensten Lebenslagen und Schwierigkeiten. Wir können uns deshalb vertrauensvoll an ihnen orientieren, weil hinter ihnen nicht die persönliche Absicht eines bestimmten Autors steht, auch wenn die Darstellung der einzelnen Märchen natürlich von der jeweiligen Kultur mitgeprägt ist. Im Anschluß an die Forschungen Carl-Gustav Jungs hat sich aber heute die Auffassung durchgesetzt, daß die Märchen das widerspiegeln, was sich in der Seele des Menschen seit Urzeiten abspielt. Alles, was an persönlichen Besonderheiten bei einzelnen Menschen auffindbar ist, kann in diesem allgemein menschlichen Zusammenhang wiederentdeckt werden. Das Studium der Märchen und ihre Deutung, wie sie in dieser Buchreihe gegeben wird, vermitteln deshalb diesen so wichtigen Zugang zum Menschlichen.

Märchen sind Bilder der Seele. Deshalb ist es beim Lesen eines Märchens zu empfehlen, nicht sofort allzu kritisch nachzudenken oder sich über Ungereimtheiten zu ärgern, weil sie »in Wirklichkeit« unmöglich sind – zum Beispiel die Verwandlung eines Frosches in einen Prinzen im »Froschkönig« –, sondern sich der Welt dieser Bilder erst einmal zu öffnen und sich ihrer Wirkung zu überlassen. Sie sprechen für sich, und sie reden auf eine andere Weise zu uns, als es die Sprache der Wissenschaft oder der Mathematik tut. Zudem sagen Bilder ohnehin mehr als tausend Worte. Sie haben ihren eigenständigen Platz in unserer Welt, sie sind unersetzbar und unverzichtbar.

Auch wenn ich im Folgenden noch einige Literaturhinweise gebe, an denen Sie sich orientieren können, bleibt am wichtigsten, daß Sie dem Märchen und seinem Text ganz offen und direkt begegnen. Lassen Sie sich von ihm führen und anregen, dann werden Sie den gesuchten Schatz auch finden.

Einige Hinweise zur Literatur:

Die Autoren dieser Reihe haben sich bei den Texten der Märchen an folgende Ausgaben gehalten: *Kinder- und Hausmärchen. Gesammelt durch die Brüder Grimm, 2 Bände, Manesse Verlag.*
Wenn Sie sich, wie eben angeregt, weiter mit diesem Thema beschäftigen möchten, so empfehlen Ihnen die Autoren dieser Reihe folgende Bücher:
von Franz, Marie-Louise: Das Weibliche im Märchen, Stuttgart 1977
Birkhäuser-Oeri, Sibylle: Die Mutter im Märchen, Stuttgart 1976
Dieckmann, Hans: Gelebte Märchen, Hildesheim 1978
Kast, Verena: Wege aus Angst und Symbiose im Märchen, Olten 1981.
Diese Werke behandeln weitere große Lebensthemen, die in unserer Reihe nicht berücksichtigt werden konnten. Sie enthalten darüber hinaus wichtige Ergänzungen, die der persönlichen Vertiefung und Bereicherung dienen.

Theodor Seifert

Das Wasser des Lebens

Es war einmal ein König, der war krank, und niemand glaubte, daß er mit dem Leben davonkäme. Er hatte aber drei Söhne, die waren darüber betrübt, gingen hinunter in den Schloßgarten und weinten. Da begegnete ihnen ein alter Mann, der fragte sie nach ihrem Kummer. Sie sagten ihm, ihr Vater wäre so krank, daß er wohl sterben würde, denn es wollte ihm nichts helfen. Da sprach der Alte: »Ich weiß noch ein Mittel, das ist das Wasser des Lebens; wenn er davon trinkt, so wird er wieder gesund: es ist aber schwer zu finden.« Der älteste sagte: »Ich will es schon finden«, ging zum kranken König und bat ihn, er möchte ihm erlauben auszuziehen, um das Wasser des Lebens zu suchen, denn das könnte ihn allein heilen. »Nein«, sprach der König, »die Gefahr dabei ist zu groß, lieber will ich sterben.« Er bat aber so lange, bis der König einwilligte. Der Prinz dachte in seinem Herzen: Bringe ich das Wasser, so bin ich meinem Vater der liebste und erbe das Reich.

Also machte er sich auf, und als er eine Zeitlang fortgeritten war, stand da ein Zwerg auf dem Wege, der rief ihn an und sprach: »Wo hinaus so geschwind?« – »Dummer Knirps«, sagte der Prinz ganz stolz, »das brauchst du nicht zu wissen«, und ritt weiter. Das kleine Männchen aber war zornig geworden und hatte einen bösen Wunsch getan. Der Prinz geriet bald hernach in eine Bergschlucht, und je weiter er ritt, je enger taten sich die Berge zusammen, und endlich ward der Weg so eng, daß er keinen Schritt weiter konnte; es war nicht möglich, das Pferd zu wenden oder aus dem Sattel zu steigen, und er saß da wie eingesperrt. Der kranke König wartete lange Zeit auf ihn, aber er kam nicht. Da sagte der zweite Sohn: »Vater, laßt mich ausziehen und das Wasser suchen«, und dachte bei sich: Ist mein Bruder tot, so fällt das Reich mir zu. Der König wollte ihn anfangs auch nicht ziehen lassen, endlich gab er nach. Der Prinz zog also auf demselben Weg fort, den sein Bruder eingeschlagen hatte, und begegnete auch dem Zwerg, der ihn anhielt und fragte, wohin er so eilig wollte. »Kleiner Knirps«, sagte der Prinz, »das brauchst du nicht zu wissen«, und ritt fort, ohne sich weiter umzusehen. Aber der Zwerg verwünschte ihn, und er geriet wie der andere in eine Bergschlucht und konnte nicht vorwärts und rückwärts. So geht's aber den Hochmütigen.

Als auch der zweite Sohn ausblieb, so erbot sich der jüngste, auszuziehen und das Wasser zu holen, und der König mußte ihn endlich ziehen lassen. Als er dem Zwerg begegnete und dieser fragte, wohin er so eilig wolle, so hielt er an, gab ihm Rede und Antwort und sagte: »Ich suche das Wasser des Lebens, denn mein Vater ist sterbenskrank.« – »Weißt du auch, wo das zu finden ist?« – »Nein«, sagte der Prinz. »Weil du dich betragen hast, wie sich's geziemt, nicht übermütig wie deine falschen Brüder, so will ich dir Auskunft geben und dir sagen, wie du zu dem Wasser des Lebens gelangst. Es quillt aus einem Brunnen in dem Hofe eines verwünschten Schlosses; aber du dringst nicht hinein, wenn ich dir nicht eine eiserne Rute gebe und zwei Laiberchen Brot. Mit der Rute schlag dreimal an das eiserne Tor des Schlosses, so wird es aufspringen: inwendig liegen zwei Löwen, die den Rachen aufsperren; wenn du aber jedem ein Brot hineinwirfst, so werden sie still, und dann eile dich und hol von dem Wasser des Lebens, bevor es zwölf schlägt, sonst schlägt das Tor wieder zu, und du bist eingesperrt.« Der Prinz dankte ihm, nahm die Rute und das Brot und machte sich auf den Weg. Und als er anlangte, war alles so, wie der Zwerg gesagt hatte. Das Tor sprang beim dritten Rutenschlag auf, und als er die Löwen mit dem Brot gesänftigt hatte, trat er in das Schloß und kam in einen großen schönen Saal: darin saßen verwünschte Prinzen, denen zog er die Ringe vom Finger, dann lag da ein Schwert und ein Brot, das nahm er weg. Und weiter kam er in ein Zimmer, darin stand eine schöne Jungfrau, die freute sich, als sie ihn sah, küßte ihn und sagte, er hätte sie erlöst und sollte ihr ganzes Reich haben, und wenn er in einem Jahr wieder käme, so sollte ihre Hochzeit gefeiert werden. Dann sagte sie ihm auch, wo der Brunnen wäre mit dem Lebenswasser, er müßte sich aber eilen und daraus schöpfen, ehe es zwölf schlüge. Da ging er weiter und kam endlich in ein Zimmer, wo ein schönes frischgedecktes

Bett stand, und weil er müde war, wollt er erst ein wenig ausruhen. Also legte er sich und schlief ein: als er erwachte, schlug es dreiviertel auf zwölf. Da sprang er ganz erschrocken auf, lief zu dem Brunnen und schöpfte daraus mit einem Becher, der daneben stand, und eilte, daß er fortkam. Wie er eben zum eisernen Tor hinausging, da schlug's zwölf, und das Tor schlug so heftig zu, daß es ihm noch ein Stück von der Ferse wegnahm.

Er aber war froh, daß er das Wasser des Lebens erlangt hatte, ging heimwärts und kam wieder an dem Zwerg vorbei. Als dieser das Schwert und das Brot sah, sprach er: »Damit hast du großes Gut gewonnen, mit dem Schwert kannst du ganze Heere schlagen, das Brot aber wird niemals all.« Der Prinz wollte ohne seine Brüder nicht zu dem Vater nach Haus kommen und sprach: »Lieber Zwerg, kannst du mir nicht sagen, wo meine zwei Brüder sind? Sie sind früher als ich nach dem Wasser des Lebens ausgezogen und sind nicht wiedergekommen.« – »Zwischen zwei Bergen stecken sie eingeschlossen«, sprach der Zwerg, »dahin habe ich sie verwünscht, weil sie so übermütig waren.« Da bat der Prinz so lange, bis der Zwerg sie wieder losließ; aber er warnte ihn und sprach: »Hüte dich vor ihnen, sie haben ein böses Herz.«

Als seine Brüder kamen, freute er sich und erzählte ihnen, wie es ihm ergangen wäre, daß er das Wasser des Lebens gefunden und einen Becher voll mitgenommen und eine schöne Prinzessin erlöst hätte, die wollte ein Jahr lang auf ihn warten, dann sollte Hochzeit gehalten werden, und er bekäme ein großes Reich. Danach ritten sie zusammen fort und gerieten in ein Land, wo Hunger und Krieg war, und der König glaubte schon, er müßte verderben, so groß war die Not. Da ging der Prinz zu ihm und gab ihm das Brot, womit er sein ganzes Reich speiste und sättigte: und dann gab ihm der Prinz auch das Schwert, damit schlug er die Heere seiner Feinde und konnte nun in Ruhe und Frieden leben. Da nahm der Prinz sein Brot und Schwert wieder zurück, und die drei Brüder ritten weiter. Sie kamen aber noch in zwei Länder, wo Hunger und Krieg herrschten, und da gab der Prinz den Königen jedesmal sein Brot und Schwert und hatte nun drei Reiche gerettet. Und danach setzten sie sich auf ein Schiff und fuhren übers Meer. Während der Fahrt sprachen die beiden ältesten unter sich: »Der jüngste hat das Wasser des Lebens gefunden und wir nicht, dafür wird ihm unser Vater das Reich geben, das uns gebührt, und er wird unser Glück wegnehmen.« Da wurden sie rachsüchtig und verabredeten miteinander, daß sie ihn verderben wollten. Sie warteten, bis er einmal fest eingeschlafen war; da gossen sie das Wasser des Lebens aus dem Becher und nahmen es für sich, ihm aber gossen sie bitteres Meerwasser hinein.

Als sie nun daheim ankamen, brachte der jüngste dem kranken König seinen Becher, damit er daraus trinken und gesund werden sollte. Kaum aber hatte er ein wenig von dem bittern Meerwasser getrunken, so ward er noch kränker als zuvor. Und wie er darüber jammerte, kamen die beiden ältesten Söhne und klagten den jüngsten an, er hätte ihn vergiften wollen, sie brächten ihm das rechte Wasser des Lebens und reichten es ihm. Kaum hatte er davon getrunken, so fühlte er seine Krankheit verschwinden und ward stark und gesund wie in seinen jungen Tagen. Danach gingen die beiden zu dem jüngsten, verspotteten ihn und sagten: »Du hast zwar das Wasser des Lebens gefunden, aber du hast die Mühe gehabt und wir den Lohn; du hättest klüger sein und die Augen aufbehalten sollen: wir haben dir's genommen, während du auf dem Meere eingeschlafen warst, und übers Jahr da holt sich einer von uns die schöne Königstochter. Aber hüte dich, daß du nichts davon verrätst, der Vater glaubt dir doch nicht, und wenn du ein einziges Wort sagst, so sollst du noch obendrein dein Leben verlieren, schweigst du aber, so soll dir's geschenkt sein.«

Der alte König war zornig über seinen jüngsten Sohn und glaubte, er hätte ihm nach dem Leben getrachtet. Also ließ er den Hof versammeln und das Urteil über ihn sprechen, daß er heimlich sollte erschossen werden. Als der Prinz nun einmal auf die Jagd ritt und nichts Böses vermutete, mußte des Königs Jäger mitgehen. Draußen, als sie ganz allein im Wald waren und der Jäger so traurig aussah, sagte der Prinz zu ihm: »Lieber Jäger, was fehlt dir?« Der Jäger sprach: »Ich kann's nicht sagen und soll es doch.« Da sprach der Prinz: »Sage heraus, was es ist, ich will dir's verzeihen.« – »Ach«, sagte der Jäger, »ich soll Euch totschießen, der König hat mir's befohlen.« Da erschrak der Prinz und sprach: »Lieber Jäger, laß mich leben, da geb ich dir mein königliches Kleid, gib mir dafür dein schlechtes.« Der Jäger sagte: »Das will ich gerne tun, ich hätte doch nicht nach Euch schießen können.« Da tauschten sie die Kleider, und der Jäger ging heim, der Prinz aber ging weiter in den Wald hinein.

Über eine Zeit, da kamen zu dem alten König drei Wagen mit Gold und Edelsteinen für seinen jüngsten Sohn: sie waren aber von den drei Königen geschickt, die mit des Prinzen Schwert die Feinde geschlagen und mit seinem Brot ihr Land ernährt hatten und die sich dankbar bezeigen wollten. Da dachte der alte König: Sollte mein Sohn unschuldig gewesen sein? und sprach zu seinen Leuten: »Wäre er noch am Leben, wie tut mir's so leid, daß ich ihn habe töten lassen.« – »Er lebt noch«, sprach der Jäger, »ich konnte es nicht übers Herz bringen, Euren Befehl auszuführen«, und sagte dem König, wie es zugegangen war. Da fiel dem König ein Stein von dem Herzen, und er ließ in allen Reichen verkündigen, sein Sohn dürfte wiederkommen und sollte in Gnaden aufgenommen werden.

Die Königstochter aber ließ eine Straße vor ihrem Schloß machen, die war ganz golden und glänzend, und sagte ihren Leuten, wer darauf geradeswegs zu ihr geritten käme, das wäre der rechte und den sollten sie einlassen, wer aber daneben käme, der wäre der rechte nicht und den sollten sie auch nicht einlassen. Als nun die Zeit bald herum war, dachte der älteste, er wollte sich eilen, zur Königstochter gehen und sich für ihren Erlöser ausgeben, da bekäme er sie zur

Gemahlin und das Reich daneben. Also ritt er fort, und als er vor das Schloß kam und die schöne goldene Straße sah, dachte er: Das wäre jammerschade, wenn du darauf rittest, lenkte ab und ritt rechts nebenher. Wie er aber vor das Tor kam, sagten die Leute zu ihm, er wäre der rechte nicht, er sollte wieder fortgehen. Bald darauf machte sich der zweite Prinz auf, und wie der zur goldenen Straße kam und das Pferd den einen Fuß darauf gesetzt hatte, dachte er: Es wäre jammerschade, das könnte etwas abtreten, lenkte ab und ritt links nebenher. Wie er aber vor das Tor kam, sagten die Leute, er wäre der rechte nicht, er sollte wieder fortgehen. Als nun das Jahr ganz herum war, wollte der dritte aus dem Wald fort zu seiner Liebsten reiten und bei ihr sein Leid vergessen. Also machte er sich auf und dachte immer an sie und wäre gerne schon bei ihr gewesen und sah die goldene Straße gar nicht. Da ritt sein Pferd mitten darüber hin, und als er vor das Tor kam, ward es aufgetan, und die Königstochter empfing ihn mit Freuden und sagte, er wär ihr Erlöser und der Herr des Königreichs, und ward die Hochzeit gehalten mit großer Glückseligkeit. Und als sie vorbei war, erzählte sie ihm, daß sein Vater ihn zu sich entboten und ihm verziehen hätte. Da ritt er hin und sagte ihm alles, wie seine Brüder ihn betrogen und er doch dazu geschwiegen hätte. Der alte König wollte sie strafen, aber sie hatten sich aufs Meer gesetzt und waren fortgeschifft und kamen ihr Lebtag nicht wieder.

Märchen – einmal beim Wort genommen

Stellen Sie sich vor, Sie stehen eines Morgens an der Straßenbahnhaltestelle, Sie haben es eilig und sind noch gar nicht ganz wach, da torkelt einer von jenen Ausgestoßenen, die der Volksmund etwas lieblos »Wermutbrüder« nennt, auf Sie zu, in eine Wolke von Fuseldunst und Ungewaschenheit gehüllt, und möchte mit Ihnen ein Gespräch beginnen. Wie würden Sie reagieren? Verärgert, abweisend, unwirsch? Angewidert, sich wortlos abwendend? Oder freundlich auf seine Worte eingehend, verständnisvoll, höflich? Ich glaube, die meisten würden sich auf Anhieb für Möglichkeit eins oder zwei entscheiden. Menschen und Begegnungen, die nicht nach unserem Geschmack sind, sich ungebeten in unser Leben drängen, schieben wir in der Regel schnell und unbesehen von uns weg; sie stören, sind lästig und verbrauchen unsere kostbare Zeit.

Andererseits: Wenn wir alles, was wir in Diskussionen an menschenfreundlichen Ideen entwickeln, was wir einschlägigen Büchern entnehmen oder von der Kanzel herab als Richtlinien für unsere Handlungen angeboten bekommen – wenn wir all dieses mit viel Christentum und Humanismus getränkte Gedankengut auch nur halbwegs in die Tat umsetzen würden, müßten wir in einem Fall, wie er oben geschildert wurde, anders reagieren: barmherziger. Auch ein armer Teufel, dem die Weinflasche Mutter, Freundin und Zuhause ersetzen muß, hat einen Funken Göttlichkeit in sich, den es zu respektieren gilt, ist wie du und ich Kind des gleichen Schöpfers. Aber wie es eben so ist: Gut zu denken war immer schon leichter als gut zu handeln; diese betrübliche Erfahrung ist so alt wie das Menschengeschlecht.

Im Märchen vom »Wasser des Lebens« erhält jeder der drei Söhne des Königs die Chance zu beweisen, wie ernst es ihm mit seiner Nächstenliebe ist. Hier vertritt ein unscheinbarer Zwerg die Sache der Unterprivilegierten. Während die beiden älteren Brüder »normal« – das heißt schroff und arrogant – reagieren, läßt sich der jüngste auf ein Gespräch mit dem kleinen Männlein ein, nimmt den Streß, unter dem er steht, nicht zum Vorwand für egozentrische Muffigkeit.

Menschlichkeit ist also gar nicht so selbstverständlich, weder im Märchenland noch in unserer Realdimension. Daß man letzten Endes dann doch mit Herzenstakt, Güte und seelischer Kraft mehr bewirkt als mit offener oder listig verpackter Rücksichtslosigkeit, das ist die tröstliche Botschaft in diesem Märchen. Obwohl uralt, hat es viel von jenem neuen Geist in sich, der nach einem sanfteren und friedlicheren Umgang mit der Welt und sich selber sucht und eine Umorientierung in dem beinhaltet, was für wert gehalten und was als entbehrlich angesehen wird. Dieses neue Weltgefühl, wie es seit einiger Zeit in vielen Menschen, die guten Willens sind, aufzubrechen beginnt, hat man – in Anlehnung an das heraufdämmernde Wassermann-Zeitalter, das ein »sanftes« werden soll – »New Age« genannt. In diesem Sinne ist unser Märchen eine New-Age-Geschichte. Nichts, was der Held im Lauf der Ereignisse unternimmt, trägt den Stempel des Gewalttätigen, Muskelprotzerischen, des »Heroischen« im herkömmlichen Sinn. Er ist ein eher verträumter, antriebsschwacher Typ, der seine Ziele bestimmt nicht durch spektakuläre Taten der Tapferkeit erreicht. Dieser introvertierte junge Mann würde in keiner Armee dieser Welt Karriere machen. Wäre er in unserer Zeit zu Hause, könnte ich ihn mir als friedlichen Demonstranten vor den Toren eines Raketenlagers vorstellen.

Wie der Held, so die übrige Geschichte. Nicht Gewalt siegt, sondern beharrliches und behutsames Vorgehen. Die Tiere werden mit Brot und nicht mit Schwerthieben bedacht. Hilfe erhält man nicht durch barsche Überheblichkeit, sondern durch höfliches Eingehen auf eine gestellte Frage. Wenn ein Krieg unvermeidlich ist, weil es die Gegenseite so will, dann muß in Gottes Namen das Schwert aus der Scheide – aber nicht eine Minute länger als nötig und nur, um einem bedrängten Volk eine friedliche Zukunft zu garantieren. Auch die Erlösung der Jungfrau geschieht auf recht unblutige, unheldische Weise. Es ist eine Erlösung ohne Folterqualen und Todesangst, eben: eine sanfte Erlösung.

Das bedeutet nun nicht, daß dem jungen Helden einfach alles kampflos in den Schoß fällt. Er hat einige heikle und schwierige Probleme – in sich und draußen in der Welt – zu lösen, bevor er die Geliebte heimführen kann. Aber es ist ein Heldentum anderer Art, das er verkörpert, keines, das Bizeps und Bärenstärke voraussetzt. Die Feinde, die er bezwingen muß, sind vor allem in ihm selbst.

Heißt es, die Aussagekraft eines Märchens über Gebühr zu strapazieren, wenn wir die Begebenheiten so wortwörtlich nehmen, wie sie vor uns auf dem

Papier stehen? Muß man Geschichten aus der Zeit, »wo das Wünschen noch geholfen hat«, nicht in dem ihnen gemäßen symbolisch-archetypischen Umfeld belassen? Dürfen wir Dinge, die im Märchen geschehen, einfach auf unsere »realen« Verhältnisse übertragen?

Wenn man heute über Märchen schreibt, ist es gern geübter Brauch, den Inhalt analytisch zu durchleuchten, ihn gewissermaßen als Lehrpfad für innerseelische Vorgänge zu verwenden. Diese Betrachtungsweise entkleidet die einzelnen Gestalten ihrer Persönlichkeit und deutet sie als archetypische Verhaltensmuster, die in jeder Menschenseele vorkommen. So gesehen, haben wir alle etwas von einem kranken König in uns, von den guten und schlimmen Eigenschaften der drei Brüder, von einem warnenden Naturgeist, einem eingesperrten Tier, einer erlösungsbedürftigen »Anima«-Jungfrau. In jeder Jungschen Therapie geht es um den langwierigen, mühsamen und schmerzlichen Entwicklungsprozeß, den ein Mensch durchleidet, wenn er sich auf die Suche nach dem »kostbaren Gut« begibt – in unserem Märchen symbolisiert durch das »Wasser des Lebens«.

Aber diese tiefenpsychologische Deutung auf der Subjektstufe, die den Menschen ganz auf seine Innenwelt verweist, ist nicht der einzig mögliche Zugang zum Sinn eines Märchens. Warum sollten uns der König, die Brüder, die Jungfrau nicht auch etwas zu sagen haben, wenn wir ihnen ihren höchstpersönlichen Lebenslauf und die Kleider belassen, die ihnen der Erzähler umgetan hat? Warum ihre Aktionen und Reaktionen nicht so ernst nehmen, wie es die Kinder tun, für die die Verwandlung eines Frosches in einen Königssohn nicht wunderbarer ist als die Geburt eines Geschwisterchens aus dem Leib der Mutter?

Märchen sind keine Lügengeschichten; sie sind komprimierte Wahrheit, verdichtete Lebenserfahrung vieler Generationen. In ihnen gibt es Liebe, Haß, Treue und Verrat, Angst und Gottvertrauen, böse und gute Mächte wie im »echten« Leben auch, und wie hier muß jede der geschilderten Gestalten sich mit diesen widerstreitenden Gefühlen, Eigenschaften, schicksalhaften Verstrickungen auseinandersetzen – einmal mit gutem, einmal mit schlimmem Ausgang, auch das wie im »richtigen« Leben.

Unsere Welt ist voll von Schwierigkeiten und Gefahren, mit denen eine reichlich ratlos gewordene Menschheit zurechtkommen soll. Wenn überhaupt, gelingt das nicht allein durch geistiges Spekulieren und durch seelische Schürfarbeit im stillen Kämmerlein, sondern ganz entscheidend durch das, was wir tun – heute, hier und jetzt. Die gerade von wertvollen Leuten so gern gepflegte »Nabelschau« bedarf meines Erachtens dringend der Ergänzung durch mehr Hinwendung zur »Welt der zehntausend Dinge«, die es eben auch gibt, in die unser ganzes Alltagsleben eingebunden ist und die uns gefährlich – lebensgefährlich – werden kann, wenn wir sie nur den Machern mit den aufgekrempelten Ärmeln und dem weiten Gewissen überlassen. Zeigen wir doch etwas mehr Engagement für die Welt da draußen, auch wenn wir dabei unsere gepflegten Schneckengehäuse einmal verlassen müssen; seien wir im Rahmen unserer Möglichkeiten ein klein wenig »extravertierter« als bisher!

Auf dem Hintergrund dieser Überlegungen möchte ich einmal eine andere Form der Märchendeutung wagen: Jeder der vorkommenden Akteure in dem Spiel um das »Wasser des Lebens« könnte uns die Geschichte erzählen von seinen Nöten, Sehnsüchten, Anfechtungen, Siegen und Niederlagen, mit denen er zu kämpfen hat. Diese Geschichte will ich erzählen. Ich will es tun, indem ich den Text des Märchens einmal nicht nur symbolisch behandle – auch diese Komponente ist natürlich zu berücksichtigen –, sondern überwiegend objektstufig und »realistisch«, als Schilderung von Ereignissen, wie wir sie alle auch erleben könnten. Die vorkommenden Personen fühlen und handeln dabei »ganz normal«; sie haben allerdings den Vorzug, in einem Land zu leben, wo die Uhren ein wenig anders gehen und wunderbare Ereignisse eine selbstverständliche Dreingabe zum täglichen Leben sind.

Dabei darf man natürlich bei allen Aktualisierungsversuchen nie vergessen, daß die Märchensprache eine Bildersprache ist. In unserer nüchternen Alltagswelt der Düsenklipper und Automobile erscheinen leider keine Zwerge mehr; wohl aber spüren wir die Macht, die sie verkörpern – eine Macht, der sich der Mensch dieser Erde, auch wenn er noch so »aufgeklärt« ist, nicht entziehen kann. Das Zauberische, Unbegreifliche des Märchengeschehens ist und bleibt den Tiefen der Seele vorbehalten, und so werden wir die handelnden Personen unserer Geschichte immer auch einmal in diese Räume begleiten.

Die Kardinalfrage, die alle Begebenheiten begleitet, heißt: Was können wir von einem Märchen für unsere heutige Situation lernen? Parallelen zwischen »hüben« und »drüben« gibt es dabei genug: Von Krankheit werden nicht nur Märchenkönige heimgesucht; karrieresüchtigen Ellbogenmenschen, wie es die beiden älteren Prinzen sind, und versponnenen Träumern wie ihrem jüngeren Bruder kann man auch hierzulande begegnen. Und wie viele Frauen warten immer noch auf Erlösung aus den Mauern überalterter Konventionen!

Manchmal finden wir im Traum die Antwort auf ein Problem, das sich bei Tag vor uns verschließt. Märchen kommen aus den gleichen Quellen der Tiefenseele wie unsere Träume. In einprägsamen Bildern sagen sie uns etwas von uns selber, aber auch von der Beschaffenheit dieser Welt. Es sind sehr alte, sehr weise Worte, oft gesprochen und oft überdacht. Und so mögen sie uns vielleicht eine Hilfe dabei sein, uns durch die Gefahren dieser Weltenstunde hindurchzutasten ins offene Land einer – hoffentlich – besseren Zukunft.

Der König,
der zweimal gesund werden mußte

Es war einmal ein König, der war krank, und niemand glaubte, daß er mit dem Leben davonkäme. Er hatte aber drei Söhne, die waren darüber betrübt, gingen hinunter in den Schloßgarten und weinten.

Der alte König ist krank, sehr lange schon; kein Arzt der Welt wird ihm mehr helfen können. Er liegt in dem goldflimmernden Prunkbett seines Schlafkabinetts, eine schmale, von Fiebern mattgeglühte Gestalt, verschwindend fast unter dem Pomp der viel zu vielen Decken und Kissen, die in dem ausladenden Geviert angehäuft sind.

Er liegt ganz still, erschöpft von den langen, dunklen Stunden einer wie so oft schon schlaflos verbrachten Nacht, blickt zu dem buntgewirkten Seidenbaldachin hinauf, der sich in reichen Draperien über ihn hinwölbt, würde gern die ganze aufwendige Pracht für ein paar Atemzüge ohne Schmerzen hingeben.

Durch die Fenster kommt das erste Morgengrauen, mischt sich mit der still vor sich hinbrennenden Flamme der Nachtkerze. Dies ist für ihn die kostbarste Zeit des Tages. Das heraufdämmernde Licht bringt einen Hauch von Frische, von einem ganz neuen Anfang mit sich. Ein erster Vogelruf und zögernde Geräusche erwachender Geschäftigkeit in den weiten Palastgemächern dringen an sein Ohr, lassen ein paar Funken all jener Hoffnungen aufglimmen, die des Nachts in der zähen Klebrigkeit nicht enden wollender Minuten für immer erloschen schienen. Und – er lebt noch.

Einen kurzen Augenblick lang überströmt ihn fast etwas wie Glück, eine unsägliche Erleichterung; er spürt, wie die Angst, diese schrecklichste Bundesgenossin einsamer Nachtstunden, ihn aus ihren Klauen entläßt. Aber dieses Gefühl der Befreiung schwindet so schnell dahin, wie es gekommen ist. Dann erinnert er sich schon wieder mit Schaudern daran, daß es nach diesem Tag ja wieder eine Nacht geben wird und wieder eine, und wie viele solcher Nächte schon Vergangenheit geworden sind. Es ist ein ungeheurer, furchtbarer Kreislauf, aus dem es für ihn kein Entrinnen mehr zu geben scheint.

Nicht die Schmerzen, die sein Inneres durchwühlen, sind indes das Unerträglichste seines jetzigen Zustandes: Es ist die hilflose Schwäche, die ihn, den Mann der Tat, der für sich und andere so gern Entscheidungen getroffen hat, lähmt, die sich seiner Seele so sehr bemächtigt hat, daß er sich in seinem eigenen Leben nicht mehr zurechtfindet. Alle Kräfte und Energien, die er für eine Umkehr ins Leben zurück gebraucht hätte, laufen von ihm fort, versickern in einem bodenlosen Abgrund. Er fühlt sich in den Fängen einer Mattigkeit, die dem Sterben näher ist als dem Leben, die ihm – erst leise und verstohlen, nun aber mit jedem Tag fordernder — zuflüstert: »Gib auf, kranker König, gib doch einfach auf; laß dich in die große Dunkelheit fallen, in der sich alles löst, auch deine Ängste und Qualen.«

Aber da ist noch eine zweite Stimme in ihm, die dagegen aufbegehrt: »Nein«, sagt sie, »du bist noch nicht fertig mit deinem Dasein, du kannst dich noch nicht davonstehlen, das wäre Verrat an deiner Aufgabe. Du wirst noch gebraucht. Denke an deine Söhne, wie unerfahren sie noch sind, wie unfähig, die Bürde irdischer Staatsgeschäfte verantwortlich zu tragen. Du mußt um dein Leben kämpfen!«

»Kämpfen ist gut«, jammert es auf der Gegenseite, »und woher, um Gottes willen, soll ich die Kraft dazu nehmen, ausgebrannt und hohl, wie ich bin? Ich bin doch schon ein Nichts, eine Schale ohne Kern, ein leeres Gehäuse, das fast keinen klaren Gedanken mehr zu fassen vermag. Ich erlöse doch nur mich selber und die anderen dazu, wenn ich dem Jammer ein Ende mache.«

»O nein«, kommt es von der anderen Seite, »du machst es dir zu leicht. Noch steht der Tod zu deinen Häupten, noch kannst du etliche Jahresringe am Baum des Lebens zulegen, aber nur, wenn es dir gelingt, deine Todessehnsucht zu überwinden. Statt zu jammern, solltest du dir einmal überlegen, warum du eigentlich krank geworden bist. Oder glaubst du vielleicht, das war alles blinder Zufall, ein Siechtum, das dich einfach aus dem Hinterhalt überfallen hat? Alles hat seinen Sinn, meinst du nicht auch? Auch diese Krankheit, die dich nun schon so lange quält. Überlege, König, denke über alles nach! Sterben kannst du immer noch früh genug.«

Der Kranke stöhnt und dreht sich zur Seite. »Hört auf da drinnen«, murmelt er, und sein Atem zittert unter den Stromstößen des Schmerzes, den seine Bewegung ausgelöst hat, »laßt mich in Ruhe! Ist es denn nicht genug, was ich auszuhalten habe?«

Er liegt eine Weile still, bis die Wellen der Qual ein wenig abgeebbt sind. Dann tastet er nach der Klingelschnur; aber er zögert noch, will noch eine

Weile mit sich allein sein. Es gibt ja doch keinen Menschen, dem er sich mit all seiner Not anvertrauen könnte. Sein Regierungsstil, seine Art zu leben und mit Menschen umzugehen waren nicht danach gewesen, sich Freunde zu gewinnen, Liebe und Mitgefühl zu erwecken. Und jetzt, da er nichts so nötig bräuchte wie einen Vertrauten, jetzt ist es zu spät dafür. Jetzt muß er selber mit allem fertig werden, was ihn bedrängt. Und das wird immer so weitergehen – heute, morgen, übermorgen; vielleicht noch viele Tage. Irgendwann, überlegt er, bin ich dann einmal am Ende dieser Einbahnstraße angelangt, mit der Aussicht, stumm und starr in einem prunkvollen Eichensarg zu liegen, aufgebahrt auf einem hohen Katafalk; mit einem Meer von traurigen Blumen um mich herum und mit einer leisen, traurigen Musik im Hintergrund. Mit viel Bombast und Damast und Gesichtern, die betrübt sein möchten und eigentlich nur erleichtert sind, weil das Drama nun ein Ende hat.

Irgend etwas ist falsch gelaufen, Majestät; irgendwas an deiner Lebensgeschichte stimmt nicht, ist verzerrt, unfertig. In der Chronik deines Schicksals sind ein paar Seiten leer geblieben, und das werden sie wohl auch bleiben. Ungenutzte Chancen, vertane Möglichkeiten. Wenn ich nur wüßte, warum es gerade mich so hart getroffen hat. Habe ich mich nicht redlich bemüht, aus meinen Fähigkeiten alles herauszuholen, was dem Land von Nutzen sein konnte?

Oder habe ich vielleicht des Guten zuviel getan? Zuviel Betriebsamkeit, zuwenig Ruhe? Zu viele Staatsaffären und politisches Garangel, zum Besten des Volkes, versteht sich; aber war es auch zu meinem Besten? Es stimmt schon: In den letzten Jahren war da oft eine Erschöpfung in mir gewesen, ein dringendes Bedürfnis nach Ruhe und Zurückgezogenheit. Oft war ich mir dabei vorgekommen, als säße ich in einer Karosse und die Pferde seien im Begriff, durchzugehen. Aber da war dieses vertrackte Pflichtgefühl gewesen, das immer nur ein Nein hatte, wenn die andere Seite in mir um Schonung bat. Ein Mann in meiner Position darf einfach keine Zeit für Müßiggang verschwenden.

Wo ist nun all die Energie hingekommen, mit der ich mich Jahr um Jahr vorwärtsgepeitscht habe? Unversehens hat mir das Schicksal eine Rechnung aufgemacht, an die ich nimmermehr gedacht hätte. Jetzt bist du ein kranker Niemand, eine traurige Majestät, ein Spielball der Schmerzen, König nur noch dem Namen nach.

Während ich diese Zeilen niederschreibe, wird es mir immer klarer, daß das alles nicht nur die Gedanken eines Königs sind, gedacht in einer fernen Zeit, die nicht die unsrige ist. Das sind Gedanken, die ich selber gedacht, Ängste, die ich selber durchlitten habe. Solche Erlebnisse bleiben keinem Menschen erspart. Jeder steht einmal vor solchen Situationen, ist wie der König durch eine Vielzahl falscher Schritte krank geworden, gelangt an einen Punkt, wo alles zu Ende scheint. Und wer hat sie noch nie erlebt, diese Nächte, so schwarz, so ohne Ende, wenn aus unauslotbaren Tiefen Angst und Schwäche gekrochen kommen, bis jeder Atemzug zur Mühsal wird? Kein Schlaf will die verkrampften Glieder lösen; die Träume bleiben verworren und schemenhaft und wollen ihr Gesicht nicht zeigen: Kranker König, wir kennen dich recht gut; bist uns vertraut von manch bitterer Stunde her.

Inzwischen ist es hoher Morgen geworden. Die Sonne ist schon weit hinter den fernen Bergen heraufgestiegen und spiegelt sich golden in den Palastfenstern. Überall herrscht Geschäftigkeit, wenn auch alles sozusagen auf Zehenspitzen geschieht; denn oben, hinter der großen eichenen Doppeltür, liegt der arme König, der nicht leben und nicht sterben kann.

Er hat nun an der Klingelschnur gezogen und wartet auf das täglich sich wiederholende Ritual. Ein leises, devotes Klopfen, dann öffnet sich vorsichtig und langsam die Tür, und der Haushofmeister tritt herein. Mit einem tiefen Bückling geht er zum königlichen Alkoven. »Guten Morgen, Majestät«, sagt er mit gedämpfter Stimme, »wie ist das werte Befinden? Heute bekommen wir überaus schönes, klares Wetter; so richtig ein Wetterchen zum Gesundwerden.« Der König verzieht das Gesicht; er kann diese abgedroschenen Späße schon nicht mehr hören. Nun winkt der Haushofmeister den ersten Kammerdiener herbei; dieser stützt den Kranken, schüttelt die Kissen auf, wischt ihm den Schweiß von der Stirn, läßt ihn vorsichtig wieder zurückgleiten. O ja, sie sind alle sehr besorgt um ihren Herrn, wenn sie ihm auch nicht helfen können.

Nun tritt einer ein, der das Helfen studiert hat: der Doctor medicinae im langen schwarzen Talar. Mit gemessener Verbeugung schreitet er zum Krankenbett. »Wünsche wohl geruht zu haben«, sagt er (und glaubt es selber nicht). »Wenn Majestät gestatten, werde ich jetzt die morgendliche Generaluntersuchung vornehmen.« Er zieht dem Kranken das Hemd herauf, beklopft ihn vorne, beklopft ihn hinten, drückt auf den Magen, besieht sich das Weiße der Augäpfel, läßt sich die Zunge zeigen, befühlt den Puls – kurz, er tut alles, was man ihn auf der Hohen Schule gelehrt hat. »Nicht schlecht«, sagt er dann (und man hört, daß er lügt), »wirklich gar nicht schlecht. Ich denke, Majestät werden einen recht ruhigen Tag verbringen.« Dann rührt er ein Pulver in Wasser ein und gibt es dem Kranken zu trinken. »Das wird für eine Weile die Schmerzen bannen«, versichert er und hofft inständig, daß es die Wahrheit sei.

Denn um ehrlich zu sein: Er ist längst mit seinem Latein am Ende. Alles hat er versucht, was in seinen Folianten geschrieben stand, alles, was ihn zwanzigjährige Erfahrung in solchen Fällen zu tun gelehrt hat, und nichts hat genützt. Keine Kur wollte anschlagen, alle sorgsam hergestellten Mixturen konnten das Leiden nicht lindern. Schröpfköpfe hat er angesetzt, zur Ader hat er den königlichen Patienten gelassen, Einläufe sollten das Übel lindern. Alles ist umsonst gewesen. Manchmal scheint es ihm fast, als habe diese Krankheit noch eine Wurzel, die er mit seinen Mitteln nicht finden könne. Wissenschaftlich betrachtet, o König, bist du zum Tode verurteilt. Nur ein Wunder könnte da noch Hilfe bringen, und für Wunder ist der Arzt nicht zuständig.

Die fade Morgensuppe ist gebracht und vom Kranken mit Widerwillen ausgelöffelt worden. Nun geht es schon auf Mittag zu. Es ist warm geworden, und den Kranken quälen die Schmerzen ärger denn je. O dieses Feuer in seinem Inneren, dieses Untier, das an seinen Gedärmen zieht und zerrt und nicht zur Ruhe kommen will! Wie beneidet er all die einfachen Leute da draußen, die singend und fluchend und ganz normal ihren Geschäften nachgehen können! Jede Spülmagd ist besser dran als er hier, in seinem Himmelbett, in Samt und Seide und tausend Qualen gehüllt.

Wieder ein Klopfen an der Tür. Es ist der Haushofmeister, der anfragt, ob Majestät geruhen, die drei Prinzen zu empfangen. O ja, Majestät geruhen! Majestät sind so unendlich froh um jede Abwechslung in dem trostlosen Einerlei seines Krankenlebens.

Sie treten durch die Tür, und immer wieder ist er von neuem erstaunt, daß diese drei jungen Männer die Kinder einer Mutter sind. Der Älteste kommt wuchtig und gerade auf seinen Beinen angestampft, ein Bär an physischer Stärke. Auf dem untersetzten, kraftstrotzenden Körper sitzt über einem breiten Nakken ein fester, kantiger Schädel mit zupackenden, dunklen Augen. Muskulöse Arme und Pranken, die ein Schwert gar wohl zu umfassen verstehen, runden das Gesamtbild ab.

Ihm zur Seite mit dem geschmeidigen Gang eines Raubtiers der zweite Sohn. Alles, was am ersten eckig scheint, ist am zweiten abgerundet, elegant, fast spielerisch. Der gut geformte Kopf weiß sich mit Anstand zu bewegen. Er ist der geborene Diplomat, einer von der Sorte, die, wie der Spötter Montaigne es ausdrückt, »dem heiligen Michael eine Kerze stiften und dem Drachen auch«. Nicht übel, aber auch nicht ungefährlich.

Daneben der Jüngste, bei dessen Anblick man nie weiß, ob man lachen oder weinen soll. Er geht, als hätte er Watte in den Gelenken. Wohlgestaltet ist sein Körper, alle Proportionen stimmen; aber in allen Bewegungen ist eine Art verschlafener Weichheit, die ihm etwas Tolpatschiges verleiht. Sein Gesicht ist wie ein offenes Buch: ein sanftes Oval, große staunende Augen, ein fast mädchenhafter Mund. Dieser Junge, denkt der König, ist noch gar nicht ganz zum Leben erwacht. Er wird es einmal nicht leicht haben bei Hof, wo Witz und Geistesgegenwart und Durchsetzungsvermögen als Tugenden gefragt sind.

Da stehen sie nun am Bett des Vaters und schauen ratlos auf ihn hinunter. Der Älteste wirkt trotzig: Er ist nicht gern hilflos. Der Zweite scheint eher unangenehm berührt, wie ein Politiker, dem keine passende hohle Phrase einfallen will. Dem Jüngsten stehen Tränen in den Augen; er möchte helfen und weiß nicht wie.

Ein paar Minuten verstreichen, in denen kein Wort fällt. Es entsteht eine spannungsgeladene Stille, die von allen als peinlich empfunden wird. Dann hält es der älteste Sohn nicht mehr aus. »Vater«, platzt er heraus, gegen jede Etikette das Wort ergreifend, »jetzt muß endlich etwas geschehen. Gestern haben wir dir schon von dem alten Mann erzählt, der von einem Wunderwasser weiß, das auch die schlimmsten Krankheiten heilen kann. Ich will es holen; laß mich ziehen. Dieses ewige Abwarten und Nichtstun halte ich einfach nicht mehr aus!«

Dem alten König ist der Vorschlag nicht ganz geheuer. Natürlich hätte er nichts dagegen, wieder gesund zu werden; aber er hat Angst um den Sohn. Er macht Einwände, spricht vom Leichtsinn der Jugend, von den vielen Unwägbarkeiten und Gefahren, die ihm unterwegs begegnen könnten. Aber im Grunde ist er viel zu schwach, um sich gegen den entschlossenen Willen des jungen Mannes zu behaupten. Widerwillig erklärt er sein Einverständnis. Und so wird also am nächsten Morgen Sohn Nummer eins sein Pferd besteigen und sich auf die Suche nach dem kostbaren Lebenswasser machen. Wie es ihm dabei ergeht, wird an anderer Stelle zu berichten sein.

Tage vergehen, Wochen, ein Monat ist um. Der Sohn kommt nicht zurück. Da finden wir eines Morgens die beiden daheimgebliebenen Söhne wieder am Bett des Königs. Nummer zwei führt gerade das Wort. »Es hilft nichts, Vater«, sagt er in seiner einschmeichelnden Art, »ich muß nachsehen, wo der Bruder geblieben ist. Bestimmt ist er zu geradlinig, wie das seine Art ist, auf das Ziel losmarschiert und dabei in Schwierigkeiten geraten. Das war immer schon so: Er fällt in die Grube, und ich muß ihn wieder herausziehen. Gebt mir Euren Segen, Vater, damit ich die Sache zu einem guten Ende bringen kann.«

Obwohl der Kranke noch viel mehr Vorbehalte hat als beim erstenmal und mit atemloser, aufgeregter Stimme seine Bedenken anmeldet, gibt er schließlich doch nach. So reitet denn auch der zweite Sohn zum Tor hinaus. Manches wird ihm da draußen widerfahren; wir werden noch darauf zurückkommen.

Es ist alles wie beim erstenmal: Tage vergehen, Wochen. Der König wird immer schwächer, verfällt zusehends. Nun nagt nicht nur sein körperliches Übel an ihm, sondern auch noch die Sorge um die beiden Söhne. Und dann tritt eines Morgens auch noch der letzte, der jüngste Sohn an das Krankenlager und bittet für den nächsten Tag um Urlaub. Seine Stimme schwankt zwischen Zögern und Entschlossenheit: Nur er kann jetzt noch das Lebenswasser herbeischaffen, das der Vater zu seiner Genesung braucht. Diesmal bäumt sich der Kranke auf, will es nicht erlauben, daß auch dieser Sohn noch in der Fremde verlorengeht; spricht von dynastischen Gründen und davon, wie jung er noch sei, so gänzlich unerfahren in den Dingen dieser Welt. Letzten Endes kann er den Bitten des Jünglings aber doch nicht widerstehen, und so nimmt denn die Geschichte ihren Lauf: Auch dieser Sohn macht sich auf den Weg – er, bei dem es am unwahrscheinlichsten ist, daß er da Erfolg haben wird, wo seine weltgewandten Brüder versagt zu haben scheinen.

Und nun ist der König ganz allein, dem guten Willen der Höflinge ausgeliefert, vierundzwanzig Stunden eines jeden Tages allein mit dem schweren, dunklen Gewölk aus Hilflosigkeit, Ängsten und Schmerzen, das seine Sinne umnebelt. Ein Tag reiht sich nun wieder an den anderen; kein Lebenszeichen, nicht einmal ein Gerücht über den Verbleib der drei Söhne erreicht ihn in seiner Verlorenheit. Längst hat er die Hoffnung aufgegeben, sie lebend und wohlbehalten wiederzusehen oder gar von jenem kostbaren Wunderwasser kosten zu dürfen, das ihm noch einmal Gesundheit und Leben wiederbringen könnte. Obwohl umringt von einem Heer dienstbarer Geister, hat er doch niemand, dem er sich in seiner Not mitteilen könnte. Er erlebt die Hölle absoluter Isolation. Er braucht nicht mehr zu sterben, um zu erfahren, was ein Ort der Verdammnis ist. Nach außen hin wird er immer einsilbiger. Seine Gesichtszüge welken zusehends dahin, die Haut wird trocken und glanzlos wie Laub am Ende des Winters. Ganz im geheimen trifft man erste Vorbereitungen für ein würdiges Begräbnis; denn da ist kein einziger Mensch mehr bei Hofe, der eine Genesung noch für möglich hielte.

Während der König so seinem Tod entgegendämmert, hat sich weit entfernt von ihm in einem alten, verwunschenen Schloß Wunderbares ereignet; bald schon wird sich sein ganzes Dasein dadurch verändern. Nur noch kurze Zeit, so werden nicht nur die Verschollenen zurückkehren, sie werden auch das ersehnte Lebenswasser mitbringen. Die Erlösung, kranker König, ist schon ganz nahe.

Wir wissen, wie dieses Kapitel zu Ende geht:

Während der Jüngste, von den beiden Brüdern betrogen, dem König einen wirkungslosen Trank kredenzt, der die Krankheit sogar noch verschlimmert, teilen sich sie beiden ältesten Söhne in den Triumph, ihm einen Becher mit dem echten Heiltrank an die Lippen heben zu können.

Und wahrhaft wunderbar ist es anzusehen, wie das Wasser zu wirken beginnt, fast nicht zu glauben: Die eingefallenen Wangen des Kranken füllen sich von innen her, die spröde, fahle Totenhaut glättet sich, nimmt eine gesunde Färbung an; die starren Augen beleben sich. Langsam reckt er die Glieder, dehnt und streckt sich, kann es selber nicht fassen, daß in seinen eingerosteten Gelenken auf einmal wieder Kraft und Beweglichkeit ist. Er wirft die Tücher fort, mit denen er bedeckt war, schwingt die Beine zögernd über den Bettrand und steigt, kaum noch die fürsorgliche Unterstützung des Dieners benötigend, langsam und vorsichtig aus seiner »Matratzengruft«. Geht die ersten Schritte zum Fenster hinüber, blickt hinunter in die Gärten, die er immer so geliebt hat, fühlt, wie das Toben und Stechen in seinem Innern sich immer mehr beruhigt, sich einfach auflöst. Er kann wieder atmen, ist dem Leben, von dem er sich eigentlich schon verabschiedet hatte, wiedergeschenkt. Er kann wieder »morgen« denken ohne das Gefühl trostloser Verlorenheit, das er nun seit so langer Zeit mit diesem Wort verbunden hatte. Eigentlich müßte er singen, schreien vor Glück ...

Aber er tut es nicht. Er bleibt stumm. Er ist dankbar, erleichtert – aber glücklich, nein, glücklich ist er nicht. Über seine Seele ist eine seltsame Trübung gekommen, die die Freude an der Wiedergenesung gar nicht so recht aufkommen lassen will. Was hat ihn so verstört?

Es muß etwas mit dem jünsten Sohn zu tun haben. Warum vermeidet er es so geflissentlich, diesem ins Gesicht zu sehen, das so voller Kummer ist, so voll Ratlosigkeit, ein Unheil ahnend, dem er noch keinen Namen geben kann? Warum wendet er sich statt dessen ganz den beiden Älteren zu, die er ja für seine Retter hält? Dunkle Worte sind es, die ihm die zwei zuflüstern: Der Bruder habe es auf sein königliches Leben abgesehen gehabt, habe ein Attentat geplant, das stehe ganz außer Zweifel; wie solle man sich sonst das bittere Wasser in seinem Becher erklären? Und bald flüstern sie nicht mehr, bald schreien sie es laut und dreist hinaus, die beiden Heuchler: O Schande, schreien sie, wir haben einen Mörder zum Bruder, einen Vatermörder!

Und der König? Merkt er nicht den falschen Unterton, die verlogene Fürsorglichkeit in den Worten und Handlungen seiner »Retter«? Nein, im Augenblick kann er nur an sein kostbares neues Leben denken, dem nichts geschehen darf, glaubt er den so dick aufgetragenen Verleumdungen mehr als der Stimme seines Herzens, die – er spürt es halb bewußt – für den jungen Mann sprechen möchte. Alles, was diesen entlasten könnte, bleibt ungesagt; alles, was ihn belasten muß, wird mit immer neuen Ausschmückungen versehen wiederholt. Besonders der zweite Sohn, der angehende Diplomat, versteht es fabelhaft, aus weiß schwarz zu machen und der Liebe einen Mantel des Hasses umzuwerfen: Hat er, der König, nicht oft genug diesen nachgeborenen Nesthocker ihnen beiden vorgezogen? Hat er ihn – Hand aufs Herz – nicht immer lieber gehabt? Und was ist nun der Dank dafür? Gerade dieses weiche Bürschchen, das sich immer so fromm und liebevoll zu geben wußte, als könne es keiner Fliege etwas zuleide tun – gerade er, der heimliche Favorit, trägt sich mit Mordgedanken, treibt die Undankbarkeit so weit, daß er dem kranken Vater ein Wasser zu trinken gibt, das Tod und Verderben bringt. – Ja, wenn sie nicht gewesen wären, die Verschmähten, die Zurückgesetzten, die in der väterlichen Liebe so oft zu kurz Gekommenen! Man soll sich ja nicht selber loben, dennoch muß es um der Gerechtigkeit willen gesagt werden: Ihnen beiden, dem Erst- und Zweitgeborenen, verdankt er Gesundheit und Leben. Das wolle der königliche Vater doch bitte im Gedächtnis behalten – auch später, wenn es um die Zukunft des Reiches geht!

Immer enger spinnt sich der Kokon aus Halbwahrheiten, Lügen und Verdrehungen um die verdunkelte Seele des Königs. Und der gesäte Haß geht auf wie eine giftige Blüte, bringt alle Stimmen seines Herzens, die ihn zu Maß und Vernunft anhalten wollen, zum Verstummen, so daß er am Ende für wahr hält, was das hilflose Schweigen des jüngsten Sohnes auch noch zu bestätigen scheint. So fällt denn der König, verhetzt und verblendet wie er ist, in einer geheimen Sitzung über den vermeintlichen Verbrecher ein furchtbares Urteil, ein heimtückisches, meuchelmörderisches Nacht-und-Nebel-Urteil. Nicht Liebe und Gerechtigkeit sind die Beisitzer dieser Gerichtsverhandlung, sondern einzig die Sorge um das eigene Leben und die bittere Enttäuschung des Vaters über den angeblich so undankbaren und mißratenen Sohn.

»Der Körper ist der Palast der Seele«, heißt es im Talmud. So gesehen, muß man sich wirklich fragen, ob der König denn überhaupt gesund geworden ist. Fehlt da nicht eine ganz entscheidende Komponente? Ist die Heilung vielleicht erst zur Hälfte geglückt? Die körperlichen Beschwerden konnte das Lebenswasser von ihm nehmen; der König strotzt in Saft und Kraft, Bäume könnte er ausreißen wie in seinen besten Mannesjahren. Aber was geht in seiner Seele vor? Tief drinnen, in den geheimsten Kammern seines Herzens, nagt ein Wurm, ein »Gewissenswurm«, unablässig an ihm herum, bohrt ein Unbehagen im Unterfutter seiner Gedanken, läßt ihn nicht zur Ruhe kommen. Es ist ein Gefühl der Niedergeschlagenheit, das schwer wie Blei in ihm drinnenhockt; noch hat es keinen Namen, noch will er es gar nicht so recht zur Kenntnis nehmen, der königliche Rekonvaleszent, daß er zwar von seinen leiblichen Schmerzen befreit ist, sich innerlich aber heil-loser denn je fühlt. Und kein erlösendes Wort zwischen Vater und Sohn. Der eine ist dazu nicht fähig, weil seine Sinne von Haßgesängen umnebelt und Herz und Hirn mit Mißgunst verkleistert sind; der andere darf nicht, denn die Brüder haben es ihm bei Lebensstrafe verboten, und er hat noch nicht den Mut, zuwiderzuhandeln.

Es wird noch ein weiter, mühevoller Weg für den König werden, bis er zur leiblichen die geistig-seelische Gesundheit hinzugewonnen hat und dann erst wirklich im umfassenden Sinn »heil« geworden ist. Erst muß er sich den falschzüngigen Einflüsterungen seiner beiden Erstgeborenen entziehen. Dabei sind ihm die drei Könige behilflich, denen sein Jüngster in schweren Zeiten mit Brot und Schwert so selbstlos beigestanden hatte und die nun Wagenladungen voller Geschenke der Dankbarkeit schicken. Zum erstenmal wird da der König stutzig: Kann sich soviel Hilfsbereitschaft und Edelmut so plötzlich ins Gegenteil verwandeln? Paßt die Selbstverständlichkeit, mit der der Sohn den drei Königen aus ihrer Not half, zu dem Bild von krasser Lieblosigkeit und Eigensucht, das die zwei älteren von ihrem jüngsten Bruder gemalt haben?

Nun, da der böse Bann gebrochen ist und der König seine Projektionen zurückzunehmen beginnt, sieht er seine zwei »Retter« plötzlich in einem anderen Licht, beginnt er, ihr Leben und Treiben etwas näher unter die Lupe zu nehmen; und was er da zu sehen bekommt, will ihm gar nicht gefallen.

Warum ist er nur damals mit seinem Urteilsspruch so voreilig gewesen? Warum hat er im Taumel seines Verfolgungswahnes nicht auf die Stimme in seinem Inneren gehört, die immer für seinen Jüngsten plädiert hat? Reue und Trauer übermannen den König. Das Entsetzen über die von ihm angeordnete Bluttat – denn er glaubt den Sohn ja tot – sprengt endlich den Panzer auf, der sich in diesen bösen Tagen und Wochen um seine Seele geschlossen hatte; und die heimlich geweinten Tränen eines verzweifelten Vaters helfen ihm, den »Abfall von sich selbst« zu überwinden. Jetzt erst wird das Wasser des Lebens auch in den Tiefen seiner Seele wirksam. Die Versöhnung mit dem Sohn, der ja gottlob noch am Leben ist, kommt zustande, und so nimmt denn für den König alles ein glückliches und gutes Ende.

Krankheit des Leibes, Krankheit der Seele – davon werden nicht nur Könige im Märchen heimgesucht; das sind Probleme, die uns alle ein Leben lang begleiten. Reich gegliedert ist die Skala der Übel, denen wir ausgesetzt sind: Sie reicht von Heuschnupfen und Ischias über die typischen Zivilisationskrankheiten unserer Zeit bis hin zu schweren depressiven Verstimmungen, Phobien aller Art und den »klassischen« irreparablen Geisteskrankheiten. Wo liegen die Wurzeln unserer Anfälligkeit? Warum erwischt mich die Grippe und den Nachbarn nicht? Warum befällt uns »aus heiterem Himmel« plötzlich eine Niedergeschlagenheit, die uns lahmlegt, krank und unter Umständen sogar arbeitsunfähig machen kann? Ist das wirklich nur eine Angelegenheit von Viren, Bazillen oder physiologischen Veränderungen, auf die wir keinen (oder nur geringen) Einfluß haben? Keiner hat ewige Gesundheit gepachtet, jeder wird einmal krank. Ist das dann einfach vertane Zeit? Oder hat auch Krankheit ihren Sinn, ihren Stellenwert im Ablauf des menschlichen Lebens?

»Physische Beschwerden können alle möglichen Ursachen haben, gute und schlechte, wie wir sagen würden, aber sie setzen alle auf der spirituellen Ebene ein. Eine Infektion kann man auch als eine spirituelle Verunreinigung bezeichnen. Was sich im Körper abspielt, ist nicht das Wesentliche.«[1] Der dies gesagt hat, ist nicht Psychotherapeut in Berlin oder Stuttgart, sondern »Rolling Thunder«, Medizinmann der Shoshone-Indianer und – so scheint mir – ein erfahrener Menschenkenner obendrein.

Wir haben es bei unserem Märchenkönig erlebt: Krankheit ist immer ein Zustand, der Leib und Seele in gleicher Weise betrifft. Das ist keine neue Erkenntnis; schon die Ärzte der Antike behandelten nach diesem Grundsatz – wenn es gute Ärzte waren. Und dieser Leib und diese Seele sind wiederum eingebunden in den noch größeren Kreislauf natürlicher Zusammenhänge, von denen wir umgeben, von denen wir abhängig sind, seien es besonders starke Sonnenprotuberanzen, der Föhn am Rand der Gebirge oder die Zeit des Vollmonds. »Das innere Wesen des Menschen ist identisch mit dem Wesen des Universums, und so lernt der Mensch von der Natur selbst seine eigene Natur kennen«, sagte der Psychotherapeut »Rolling Thunder«. Schon der alte Galen hat im übrigen darauf hingewiesen, »daß wir in den gleichen Verhältnissen, die unser Leben schädigen, auch wieder die heilsamen Ursachen zu suchen haben: in der uns umgebenden Luft nämlich, in der Nahrung, beim Umgang mit Bewegung und Ruhe, im Wechsel von Schlafen und Wachen, durch Ausscheidungen und Absonderungen, nicht zuletzt aber im bewußten Umgang mit unseren seelischen Affekten«[2]. Ob gesund oder krank, immer ist der Mensch also eine Einheit, kann nicht einfach in verschiedene Teilbereiche zerlegt werden, die unabhängig voneinander behandelt werden können. Für diese leib-seelische Wechselwirkung gibt es im Volksmund Dutzende von Redewendungen: Da läuft einem vor Ärger »die Galle über«; da »bricht einem vor Kummer das Herz«; da hat einer ein Problem, das ihm »wie ein Stein im Magen liegt«.

Lassen wir noch einmal den Medizinmann sprechen: »Jede Krankheit und jeder Schmerz hat seinen Ursprung, und das ist meist der Preis, den man entweder für etwas in der Vergangenheit oder aber in der Zukunft bezahlen muß. Das Wichtigste ist, die Zusammenhänge zu erkennen. Wenn man sich der Krankheit einfach entledigt, wird der Preis steigen.« Diesen Gedanken betont er an anderer Stelle noch: »Es ist ein Fehler, zu glauben, daß man einem kranken Mann dadurch helfen kann, daß man nur die Krankheit von ihm nimmt.«[3] Klingt das nicht wie die Grundsatzerklärung eines guten Psychotherapeuten, dessen vornehmste Aufgabe es ja ist (oder doch sein sollte), den Menschen zu sich selbst, in seine eigenen Tiefen zu führen, ihm bei der Suche nach den eigenen innerseelischen Quellen behilflich zu sein, die für den Patienten »Wasser des Lebens« sind?

War es nicht bei unserem kranken König ähnlich? Wohl konnte das von außen gespendete Heilmittel die physischen Beschwerden zum Abklingen bringen; aber das innere Unbehagen, die seelische Infektion, mußte erst während eines langwährenden Umwandlungsprozesses von innen her ausheilen. Erst dann war er im Sinne einer leib-seelischen Einheit wirklich und umfassend heil und gesund geworden.

Nietzsche spricht einmal davon, daß er »die Güte und Liebe als die heilsamsten Kräuter und Kräfte im Verkehr des Menschen« betrachte. Ohne dieses Wohlwollen, das ein Mensch von anderen Menschen erfährt, das er aber auch sich selber entgegenbringen muß (diese Hälfte wird oft vernachlässigt, ja sogar als »unchristlich« betrachtet!), wird eine Krankheit nur obenhin zugekleistert und – an einer Stelle vernarbt – binnen Kürze in anderer Erscheinungsform zurückkehren. Diese Einsicht, daß es nicht darum geht, eine Krankheit mit Gewalt abzuwürgen, sondern von der Wurzel her ausheilen zu lassen, ist leider heutzutage im Zeichen des Penicillins weitgehend in Vergessenheit geraten. Für jedes Wehwehchen gibt es eine Pille, die man bei Bedarf »einwirft«, jedem Zipperlein wird mit der Spritze zu Leibe gerückt, Kopfweh einfach mit einem Pülverchen weggezaubert. Man läßt dem Körper keine Zeit mehr, selber wieder ins Lot zu kommen. In jedes Signal, das uns »Bruder Esel« zukommen läßt, pfuschen wir augenblicks hinein, bis wir uns mit uns selber nicht mehr auskennen. In einem Verlagstext zu Jaap Huibers' Buch »Krank sein – lästig aber doch gesund« steht zu lesen: »Jede Krankheit wirkt reinigend. Krankheit trägt zur Bewußtwerdung unseres wahren Ichs manchmal mehr bei als Gesundheit.« Hier also wird Krankheit durchaus positiv verstanden, als Anruf, als Chance, wieder ein Stück mehr zu sich selber zu finden. Wäre das nicht vielleicht auch die richtige Einstellung zu unseren Kreislaufbeschwerden, unserer Gallenkolik, unserer Stirnhöhlenvereiterung?

Das soll nun beileibe nicht heißen, daß wir in Zukunft radikal auf jeden Doktor verzichten und bei Blinddarmbeschwerden nur noch in uns hineinlauschen sollen. Lassen wir ruhig die Kirche beim Dorf, suchen wir uns einen Arzt, dem wir unser Vertrauen schenken können. Hippokrates nennt den Arzt einen »kybernetes«, einen Steuermann: Er soll mit dem Kranken zusammen die Richtung finden, in der die Heilung zu suchen ist. In einem Fall kann schon eine Tasse Kamillentee oder ein Löffelchen Baldriantinktur eine Linderung bewirken, in einem anderen Fall mag es vielleicht nicht ohne Spritze gehen, und in einem akuten Notfall bleibt als letzter Ausweg wirklich nur noch eine Operation. Leider stehen heutzutage die Dinge aber insofern auf dem Kopf, als man sich angewöhnt hat, mit Kanonen auf Spatzen zu schießen und eine Behandlung nicht mit dem einfachsten, sondern mit dem rabiatesten Mittel einzuleiten.

Es ist eine üble Zeiterscheinung, daß wir in allem Tun so schrecklich gewalttätig geworden sind. Die moderne Medizin macht hierbei keine Ausnahme. Was haben wir beispielsweise mit unserer Ersatzteilmentalität aus unseren Krankenhäusern gemacht! Fritjof Capra spricht in seiner »Wendezeit« einmal von »diesen modernen Polikliniken, die viel von einem Flughafen, aber wenig von einer therapeutischen Umgebung an sich haben«. Im Pflegejargon eines Krankenhauses gibt es keine Menschen mehr; da liegt auf Nummer zwei »die Gallenblase«, auf

Nummer drei »der Blinddarm«. Man spricht heutzutage nicht mehr von Zähnen, sondern vom »Zahnapparat«. Das Herz ist im Sprachgebrauch zur »Pumpe« verkommen. Das »duodenale Verbundsystem« hat nichts mit den öffentlichen Verkehrsmitteln zu tun, sondern meint die Verdauungsorgane des Menschen.

Zuweilen scheint es, als wären Vokabeln wie Geduld, Einfühlungsvermögen, Behutsamkeit aus unseren Wörterbüchern gestrichen. Unsere als »Wilde« oder »Primitive« apostrophierten Vorfahren hatten bestimmt mehr Einsicht in das Wesen einer Krankheit als wir entwurzelten Kopfstrategen, die nur *ein* großes Credo kennen: Alles ist machbar – und je schneller, desto besser. Wahrscheinlich wird so manches »Krankenmaterial« unter der Pflege einer zahnlosen Großmutter, die mit Hingabe und Anteilnahme bei der Sache ist, weitaus eher gesund als in der Maschinerie einer unserer Gesundheitsfabriken, sprich: Kliniken.

»Vieles in euch ist Mensch. Und vieles in euch ist noch nicht Mensch«[4], läßt Kahlil Gibran seinen Propheten sagen. Das scheint mir ein sehr wichtiger Satz zu sein, gerade für unsere moderne Welt. Wir sind auf der Suche nach verbesserten Lebensbedingungen mehr und mehr in eine Sackgasse geraten, in der Hygiene wichtiger ist als Menschlichkeit. Haarspray, Deodorants und Badezusätze sind zwar recht erfreuliche Hilfsmittel für die tägliche Körperpflege; aber sie dürfen nicht Mitgefühl, Hilfsbereitschaft, ein kleines Gespräch mit der alten Dame von nebenan, all die vielen kleinen Gesten der Zuwendung und Rücksichtnahme ersetzen, die das Leben für alle ein wenig erfreulicher und leichter machen und die ganz gewiß für unser inneres Gleichgewicht genauso wichtig sind wie der perfekte Sitz der Frisur. Was ich meine, ist:

Laßt uns doch wieder Zeit füreinander haben, geben wir uns und den anderen die Chance, menschlich (manchmal auch allzu menschlich) zu sein. Spaß an der Freude haben, lachen können über einen guten Witz, weinen dürfen, wenn uns danach zumute ist: Sind das nicht lauter ganz normale, unaufwendige Dinge, die wir so gern tun möchten, wenn uns nicht manchmal der Mut dazu fehlte?

Sinnvoll sollte unser Leben wieder werden – nicht nur lang. Wie heißt es in vielen Märchen: »Und sie lebten vergnügt bis an ihr seliges Ende.« Auch im Lande »Es war einmal« stirbt man also, aber man stirbt einen guten Tod. Wenn man gut gelebt hat, kann man auch gut sterben. Haben wir deshalb heute vielleicht solch eine panische Angst vor dem Sterben, weil wir fühlen, daß uns unser Leben, wie wir es uns zurechtgebastelt haben, so vieles schuldig geblieben ist? Und so hört man denn landauf, landab zwar ein großes Seufzen, wie diese Welt doch die schlechteste aller möglichen Welten geworden sei, während man sie dennoch um keinen Preis verlassen möchte.

Zeit kann so viele Gesichter haben. Stunden können zu Augenblicken werden, wenn wir glücklich sind oder mit etwas beschäftigt, das uns ganz in Anspruch nimmt; und Augenblicke können sich zu Ewigkeiten dehnen, wenn uns die Langeweile beim Wickel hat oder Angst und Schmerz unser Dasein bestimmen. Baudelaire schreibt einmal: »Man sagt, ich sei dreißig Jahre alt; wenn ich aber drei Minuten in einer gelebt habe ... bin ich nicht neunzig Jahre alt?«

Ist es denn wirklich so erstrebenswert, das ewige Leben zu gewinnen, wenn es uns dabei erginge wie dem Geliebten der Göttin Eos, die für ihn das ewige Leben erbat, aber leider vergaß, auch die ewige Jugend zu fordern? So wurde denn der einst so schöne Jüngling greis und greiser, bis der vom Tod Verschmähte ein zahnloses Schrumpelmännchen geworden war, nutzlos und sich selber zur Last, das nur zu gern gestorben wäre, wenn es nur gekonnt hätte.

»Mensch, werde wesentlich«, fordert uns Angelus Silesius auf. Ich möchte hinzusetzen: Denn nur ein reiches, ein wesentliches Leben ist lebenswert – egal ob es fünfzig, siebzig oder hundert Jahre währt. Aber es ist nicht nur die Einstellung zum Wert der Zeit, die wir überdenken sollten. Zu einer ganzheitlichen Gesundheit gehört als ganz entscheidende Voraussetzung die persönliche, innere Freiheit. Angesichts der tausend Zwänge, Vorschriften, halbwissenschaftlichen Ratschläge, die uns Tag für Tag von allen Seiten einengen wollen, stellt sich die Frage: Sind wir wirklich noch frei genug, daß wir die Art zu leben (und zu sterben!) selbst bestimmen können? Können wir beispielsweise noch essen, worauf wir Lust haben, angesichts all der »Bösewichte«, die die Ernährungswissenschaft (oder was sich dafür ausgibt) laufend in unseren Kochtöpfen entdeckt? Wer raucht, ist ein Ignorant. Wer mit fünfunddreißig kein überkrontes Gebiß hat, ist von Vorvorgestern. Wer nicht sämtliche Vorsorgeuntersuchungen mitmacht und sich regelmäßig gegen Grippe impfen läßt, schädigt als potentieller Risikofaktor das Volksvermögen. Und unvermittelt, ohne daß wir es recht gewahr werden, schleichen sich Fülle, Sinn und Freude Stück um Stück aus unserem Dasein davon; was bleibt, ist genormte Öde, Beschäftigungs-Ramsch, der beim großen Ausverkauf der Lebensfreude übriggeblieben ist.

Vom kranken König, der gewissermaßen zweimal gesund werden mußte, haben wir gelernt, wie innig innere und äußere Hinfälligkeit miteinander verquickt sein können. Wer wie er alle Abgründe physischer und psychischer Krankheit durchmessen mußte, weiß für den Rest seiner Tage um das hohe Gut, das wirkliche, ganzheitliche Gesundheit bedeutet, und er wird wohl anders, bewußter, »wesentlicher« leben als vor der großen Krise.

Das heil-lose Brüderpaar

Da begegnete ihnen ein alter Mann, der fragte sie nach ihrem Kummer. Sie sagten ihm, ihr Vater wäre so krank, daß er wohl sterben würde, denn es wollte ihm nichts helfen. Da sprach der Alte: »Ich weiß noch ein Mittel, das ist das Wasser des Lebens; wenn er davon trinkt, so wird er wieder gesund: es ist aber schwer zu finden.« Der älteste sagte: »Ich will es schon finden«, ging zum kranken König und bat ihn, er möchte ihm erlauben auszuziehen, um das Wasser des Lebens zu suchen, denn das könnte ihn allein heilen. »Nein«, sprach der König, »die Gefahr dabei ist zu groß, lieber will ich sterben.« Er bat aber so lange, bis der König einwilligte. Der Prinz dachte in seinem Herzen: Bringe ich das Wasser, so bin ich meinem Vater der liebste und erbe das Reich.

Da gehen drei königliche Prinzen in den Garten des Schlosses und weinen, weil sie über die Krankheit des Vaters betrübt sind. Welch ein ergreifendes Bild brüderlicher Eintracht und besorgter Sohnesliebe! Ist man nicht versucht zu sagen: Ihr Leute, jung und alt, nehmt euch ein Beispiel daran?

Aber lassen wir uns nur nicht täuschen: Bei näherer Betrachtung verliert die Idylle rasch ihren harmonischen Glanz. Wahrscheinlich – wenn man den späteren Verlauf der Ereignisse überdenkt – waren da von seiten der beiden Älteren bereits einige dicke Krokodilstränen beigemischt. Denn es wird gar nicht lange dauern, und wir erfahren den wahren Grund, warum ihnen die Krankheit des Vaters nahegeht, warum sie sogar die Strapazen eines gefahrvollen Ritts auf sich nehmen wollen, um ihm das heilkräftige Lebenswasser zu besorgen: Es ist der Glanz der Krone, die der Vater – noch – trägt und die sich beide als Belohnung zu erwerben hoffen. Noch ist alles überzuckert von einem Hauch von Besorgtheit und Anteilnahme; aber wann wird die Maske wohl fallen?

Über das Äußere der beiden Prinzen erfahren wir vom Erzähler der Geschichte nicht viel; wenn man aber »zwischen den Zeilen« liest, werden doch gewisse leib-seelische Umrisse erkennbar, und diese sollen nun sozusagen »verlebendigt« werden.

Wir haben die beiden ja schon flüchtig kennengelernt, und es war keine rundum erfreuliche Begegnung. Vom Ältesten wissen wir, daß er ein handfester Kerl ist, ohne viel Gefühl und Gottesfurcht im Herzen. Noch ist er jung an Jahren, noch ist der Dämon in ihm nicht voll erwacht; aber durch die Schale hindurch zeichnet sich schon die Frucht ab, die da einmal zum Vorschein kommen wird: ein skrupelloser Draufgänger, ein Mann des Schwertes und der Gewalt, der auch über Leichen geht, wenn es für ihn von Vorteil ist. Die zur Schau getragene Betrübnis am Bett des Vaters übertüncht nur notdürftig, worum es ihm eigentlich zu tun ist: »Bringe ich das Wasser des Lebens«, überlegt er, »so bin ich dem Vater der liebste und erbe das Reich.«

Es ist also die Karriere, die ihn treibt, nicht die

Sorge um die Gesundheit des Vaters. König möchte er werden, der erste Mann im Staate sein, an den Hebeln der Macht sitzen und die Menschen auf dem Schachbrett seiner Großmachtideen nach Gutdünken herumschieben können, ohne irgend jemand dafür Rechenschaft ablegen zu müssen. Da liegt Krieg in der Luft, Gewalttat, Knechtschaft, Blutvergießen und Tyrannei, Kadavergehorsam für das Volk und ungezügelter Größenwahn für den »Führer« an der Spitze. Viel Leid und Tränen – bei anderen wohlgemerkt – würde er riskieren, wenn er um diesen Preis auf den Thron gelangen könnte.

Eine der Möglichkeiten, dieses Ziel zu erreichen, ist im Augenblick die, den besorgten Sohn zu mimen, der jede Gefahr auf sich zu nehmen bereit ist, um dem Vater das Leben zu retten und diesem so »der liebste« zu werden. So erbittet er sich denn vom Vater Urlaub und macht sich auf den Weg, um das kostbare Lebenswasser zu holen.

Voll geballten Tatendrangs beginnt er seinen Ritt. Möglichst schnell möchte er die Sache zu Ende bringen; wenn es nötig ist, wird er auch mit dem Schwert nachhelfen. Ob Gedanken von solch egoistischer Hartherzigkeit wohl die rechte Voraussetzung sind, um die Quelle mit dem Lebenswasser zu finden?

Die Warnung des alten Mannes, daß das Wasser »schwer zu finden« sei, schlägt er in den Wind. Wofür hält der Graubart ihn? Für einen Dummkopf, einen Versager, der sich nicht zu helfen weiß? Irgendwo wird er schon auf irgendwen treffen, der etwas von der Geschichte weiß; und wenn dieser Irgendwer sein Wissen nicht gutwillig herausrücken will – er betrachtet liebevoll seine beiden Fäuste –, so gibt es auch noch andere Mittel, ihn zum Sprechen zu bringen. Nein, ihm ist da gar nicht bange: Seine Kraft, sein gutes Schwert und der feste Wille zum Erfolg werden ihn ans Ziel bringen!

Die Sonne scheint heiß. Er wischt sich den Schweiß, flucht ingrimmig vor sich hin. Der Weg ist nicht gerade in bestem Zustand. Alles total verschlampt, heruntergekommen. Kein Wunder, wenn das Land von einem König regiert wird, der eine sieche Marionette in der Hand von Ärzten und Hofschranzen ist! Na, wenn er erst einmal das Sagen hat! Da wird es ein schnelles Ende haben mit der Saumseligkeit und dem Schlendrian. Mit eisernem Besen wird er das Land in Ordnung bringen; Schläge wird es regnen und Prügel hageln. Oh, er ist sehr für Zucht und Ordnung – bei den anderen. Zucht und Ordnung sind die Voraussetzungen dafür, daß man das Volk für die eigenen Ziele wirkungsvoll einsetzen kann. Und schließlich gibt es für ein Volk nur eine einzige Daseinsberechtigung – nämlich die, Menschenmaterial für die Pläne des großen Oberkommandierenden zu liefern. Duckmäuser braucht er und kräftige Lümmel ohne Hirn. Und Bürger, die sich ruhig und still verhalten, sich den Anordnungen von oben willig fügen. Nun, er wird den Leuten schon zu diesen Idealen verhelfen, wenn er erst einmal die Zügel fest im Griff hat!

Jäh wird der Möchtegern-Herrscher aus seinen Wunschträumen gerissen. Denn da steht auf einmal ein verwachsener, kleiner Kerl am Weg und fragt ihn ganz ungeniert, wo er denn hin wolle. Ärgerlich blickt der Prinz auf das Männlein hinunter, wie auf eine Wanze, die er mit dem Daumen zerdrücken könnte. Eigentlich sollte man dem da unten mit der Peitsche begreiflich machen, wer hier wen zuerst ansprechen kann. Aber er hat keine Zeit. »Dummer Knirps«, schnauzt er ihn an, »das brauchst du doch nicht zu wissen!«

Sprach's und ist schon an der unscheinbaren Gestalt vorbeigetrabt und merkt es nicht, daß er soeben die Weichen seines künftigen Schicksals gestellt hat. Da gibt es im Leben zuweilen – scheinbar – belanglose Begebenheiten, Begegnungen, die uns im Augenblick recht bedeutungslos vorkommen. Und doch kann sich in solchen Augenblicken unsere Zukunft entscheiden. Jeder Schritt, den man von nun an tut, vergrößert die Kluft zu den anderen Wegen, die auch möglich gewesen wären, die alle wie Strahlen von jenem unscheinbaren Ereignis ausgehen, wo wir noch die Freiheit der Wahl gehabt hätten.

Unser jugendlicher Gernegroß hat eine Richtung gewählt, die ihn fürs erste schnell in die Klemme bringen wird. Es ist der Weg, der in die Irre führt, und zwar nicht nur, was das unmittelbare Ziel anbelangt; sein ganzes künftiges Leben, das er sich so golden und komfortabel ausgemalt hat, wird fürderhin zum Irrweg werden, der sich in der bedeutungslosen, anonymen Existenz eines untergetauchten Verbrechers verlieren wird.

Bald bekommt er die Verwünschungen des Zwerges, der klein von Wuchs, doch groß an Macht ist, sehr hautnah zu spüren. Das Vorankommen auf dem eingeschlagenen Weg wird immer mühsamer; herabgestürzte Felsbrocken zwingen ihn zu immer neuen Umwegen, bis er die Orientierung gänzlich verloren hat, sich in einem ziellosen Zickzack durch die Gegend bewegt. Er ist verwirrt, wütend, läßt – wie das bei Menschen seines Schlags zu gehen pflegt – seinen Unmut an dem Pferd aus, das er mit Peitsche und Sporen traktiert. Müde stolpert das arme Tier vorwärts, wegelos, weisungslos, denn der große Herr da oben auf seinem Rücken läßt die Zügel einfach schleifen, weiß er doch längst nicht mehr, in welche Himmelsrichtung er sich wenden soll.

Recht kleinlaut ist er im Augenblick, unser Großtyrann in spe, recht unsanft aus seinen Zukunftsträumen von Glanz und Gloria heruntergeholt auf den unerfreulichen Boden der Tatsachen. Nein, das ist alles nicht so gelaufen, wie er es sich zurechtgelegt hatte. Als Sieger hoch zu Roß, niemand eines Blickes würdigend, in großer Retterpose wollte er bei seiner Rückkehr durch das Spalier der gaffenden Menge im Schloß einreiten. Jubeln sollten die Leute, laut und lärmend jubeln, damit dem Vater schon akustisch klar würde, daß es für solche Heldentat nur eine würdige Belohnung gibt: Krone und Zepter des Reiches. Und schnell wollte er vor allem wieder zurück sein, schon des Bruders wegen, dessen geniale Naturbegabung zur Intrige er nur zu gut kennt und dem er deshalb nicht gern für längere Zeit das Feld bei Hofe allein überläßt.

Und nun irrt er hier im Lande Unbekannt herum, reitet zwischen himmelhohen Felswänden dahin, die furchterregend düster aussehen und beängstigend nahe zusammenrücken, so daß es einem schier den Atem nimmt. Kaltes Sickerwasser tropft von den Steinmassen, die sich schwarz und riesig über ihm auftürmen. Ihm ist zumute wie in einer ungeheuren Gruft, die sich langsam über ihm schließt. Nacht ist es beinahe hier unten, obwohl draußen die Mittagssonne am Himmel stehen müßte. Ob er vielleicht doch umkehren soll?

Aber er hat keine Macht mehr über das Pferd, das seinem Schenkeldruck nicht mehr folgt, das einfach blindlings vorwärtsstolpert, bis es endlich mit einem ängstlichen Schnauben festgerammt zwischen den Felswänden stehenbleibt. Sie sind in der Falle. Es gibt kein Vorwärts mehr und kein Zurück. Der Fluch des Zwerges hat sich erfüllt: Er sitzt da »wie eingesperrt« und ahnt, daß seine ehrgeizigen Pläne fürs erste kläglich gescheitert sind. Dies ist die Art, wie ein Fluch sich in der Bildersprache des Märchens erfüllt; was das ins »wirkliche« Leben übersetzt heißen mag, wird später noch zu besprechen sein.

Der zweite Bruder ist sehr widerwillig am Königshof zurückgeblieben. Er sieht alle seine Felle davonschwimmen. Wie, wenn der Älteste nun tatsächlich mit dem gesuchten Heiltrank zurückkäme? Voll Unbehagen malt er sich die mißliche Folge aus, daß seine Ansprüche auf Titel und Macht sich dadurch in Rauch auflösen würden. So geht er unruhig umher, scheinbar voller Besorgtheit um den Bruder, in Wirklichkeit bereits emsig Pläne schmiedend für den Tag X, wo es hart auf hart gehen würde.

Je länger indes der Bruder auf sich warten läßt, desto gelöster wird seine Stimmung. Hinter der äußerlich zur Schau getragenen Leichenbittermiene gerät er mit jedem Tag mehr in den Zustand einer behaglichen Schadenfreude, wird es doch immer wahrscheinlicher, daß dieser da draußen irgendwo in einer Gefahr hängengeblieben oder gar umgekommen ist.

Somit geht das Gesetz des Handelns auf ihn, den Nächstgeborenen, über. Er wird es sein, der sich beim Alten lieb Kind macht. Und er wird die Sache klüger anfassen. Strategisch, mit des Gedankens Schläue wird er ans Werk gehen, nicht in der draufgängerischen Holzhackermethode seines Plumpsacks von Bruder!

Ohne weitere Zeit zu verlieren, erbittet er denn vom Vater die Erlaubnis, sich vom Hof entfernen zu dürfen. Und schon am nächsten Morgen reitet er frohgemut zum Schloßtor hinaus, fest entschlossen, die »Aktion Lebenswasser« zu einem (für ihn) befriedigenden Abschluß zu bringen.

Die Gedanken, die ihn auf seinem Ritt bewegen, sind so verschieden nicht von denen des Bruders. Der einzige Unterschied liegt darin, daß er nicht mit Essig und Säure hantiert, sondern mit Butter und Majonnaise. Wo Bruder Bär in Gedanken mit der Keule losdrosch, da tut er es mit einem eleganten Degenstich. Er ist – im Gegensatz zur unverhüllten Brutalität des Bruders – keiner, der sich selber die Hände schmutzig macht; Handlanger für schmutzige Geschäfte gibt es immer genug – vorausgesetzt, der Preis stimmt. Und schmutzige Geschäfte wird es die Menge geben, wenn er erst von diesem Abenteuer zurückgekehrt ist. Es ist zwar bedauerlich, aber der Vater wird sich wohl seiner wiedererlangten Gesundheit nicht mehr lange erfreuen können. Dann sind da auch noch die zwei Brüder. Schlimm, aber unvermeidlich: Wenn es um Krone und Reich geht, ist der beste Bruder ein toter Bruder. Mit dem jüngsten wird es keine großen Scherereien geben; aber der älteste, falls er überhaupt noch lebt, wird nicht so leicht zu übertölpeln sein, dazu ist er zu abgebrüht und zu mißtrauisch. Da heißt es diplomatisch vorgehen, sich etwas Besonderes einfallen lassen, das Messer in aller Stille wetzen. Je länger er über alle Eventualitäten nachdenkt, die seine Thronbesteigung verhindern oder verzögern könnten, desto länger wird die Namensliste, die er im Geist zusammenstellt, eine Liste, die Tod bedeutet. Das wird ein großes Schlachten geben; pfui, wie ekelhaft! Rohe Gewalt war ihm stets verhaßt, und Blut konnte er noch nie sehen. Aber was hilft's, wo gehobelt wird, da fallen Späne.

Und während unser subtiler Totschläger mit einem

selbstzufriedenen Lächeln auf den Lippen seines Weges zieht, steht da auf einmal, wie aus dem Boden gezaubert, ein kleiner, verwachsener Kerl vor ihm, der ihn ganz dreist und ohne alle Untertänigkeit auszufragen beginnt, was er denn vorhabe.

Der Prinz, aus seinen lustvollen Höllenvisionen gerissen, reagiert diesmal nicht so geschickt und überlegen, wie das sonst seine Art ist. Er sieht in dem Zwerg nur die unliebsame Unterbrechung seines so angenehmen inneren Monologs, eine unscheinbare Witzfigur, die für ihn ohne Nutzen ist. Gerade dieses eine Mal, wo so viel davon abhängt, fehlt ihm die Witterung dafür, daß er hier einer Macht gegenübersteht, die alt wie die Berge und geballt wie der Sturm ist und ihn wie einen Wurm zermalmen kann, wenn sie gereizt wird. »Kleiner Knirps«, schimpft er ärgerlich, »das brauchst du doch nicht zu wissen.« Selbst jetzt, bei allem Ärger, hat er noch Samthandschuhe über den Krallen: »Kleiner Knirps« klingt eleganter als das »Dummer Knirps« des älteren Bruders. In solchen Nuancen wird deutlich, wie grundverschieden die zwei Brüder sind: der ältere direkt und brutal, der jüngere hintergründig und gefährlich wie eine schnurrende Raubkatze.

In diesem Fall macht der zweite den gleichen verhängnisvollen Fehler wie der ältere Bruder: Er unterschätzt den Zwerg, nimmt ihn nicht ernst, reitet an ihm vorüber, ohne ihn noch eines Blickes zu würdigen. Und merkt in seiner Verblendung nicht, daß er soeben ein wichtiges Signal übersehen hat. Ein bißchen mehr Zuvorkommenheit, ein Quentchen Freundlichkeit zur rechten Zeit, und die Zukunft hätte für ihn einen anderen, glücklicheren Verlauf nehmen können. Rein theoretisch allerdings nur;

denn nach der Beschaffenheit seines Charakters konnte er gar nicht anders handeln.

Und so entlarvt sich also der hochgeborene Tunichtgut selber, verpaßt aus einer Laune heraus den einzigen Augenblick in seinem Leben, wo Höflichkeit nötiger als alles andere gewesen wäre, und spricht sich, indem er zur Unzeit die Maske lüftet, das eigene Urteil – ein Urteil, das ihm eine wenig ersprießliche Zukunft bescheren wird.

Der Fluch des Zwerges beginnt ohne Verzug zu wirken, wird ihn binnen kurzem in die gleiche »Zwangslage« wie den älteren Bruder geraten lassen.

So haben sich denn alle beide in eine Situation manövriert, die sie durch Überheblichkeit und mangelnde Rücksichtnahme heraufbeschworen haben und aus der sie sich mit keinem noch so gewaltigen Kraftaufwand, keinem noch so raffinierten Winkelzug von selbst wieder werden befreien können. »So aber ergeht es den Hochmütigen«, heißt es im Märchen.

Wenden wir uns, bevor wir das weitere Schicksal der zwei hochgeborenen Taugenichtse verfolgen, für eine Weile unserer irdischen Menschenwelt diesseits des Märchenzauns zu: Kommen uns die beiden Brüder nicht recht bekannt vor?

Machtmenschen sind sie beide, und beiden gilt das Glück und das Wohlergehen anderer Menschen nicht viel. Der eine erreicht seine Ziele mit Brutalität und bedenkenlosem Terror, der andere macht sich listig wie Odysseus ans Werk; Endstation ist in jedem Fall Machtzuwachs auf der einen und Unterdrückung auf der anderen Seite. Wir brauchen in den Chroniken dieser Welt nicht viel zu blättern, um auf Gestalten wie sie zu treffen. Sie spielten in Sumer und

Akkad schon ihr mörderisches Spiel, sie spielten es im alten Rom wie zur Zeit des Dreißigjährigen Krieges, und sie spielen es heute noch immer. Kein Landstrich dieser Erde ist von ihnen verschont geblieben.

Menschen vom Zuschnitt unseres Prinzen Nummer eins sind dazu prädestiniert, zu »Helden« zu werden: Selbstbewußt, rücksichtslos, mit dem blutigen Glorienschein geschlagener Schlachten schreiten sie durch die Geschichte; »der Große« heißen sie vielleicht ein paar Jahrhunderte später in unseren Büchern – wenn man Leid, Tränen, Not und Tod der Menschen längst vergessen hat, die sie in den Strudel des von ihnen entfesselten Kriegsgetümmels gerissen haben. Und Generationen um Generationen werden ihren heranwachsenden Jünglingen solche Muster an Tapferkeit und Feldherrngenie als Ideal vorhalten: So sollt ihr werden! Treu bis in den Tod! »Dulce et decorum est pro patria mori, Süß und ehrenvoll ist es, für das Vaterland zu sterben!«

Muß dieser Wahnsinn wirklich bis in alle Ewigkeit immer nach dem gleichen Muster weitergehen? Die Stimmen mehren sich, die nicht mehr länger Schachbrettfigur und Schlachtvieh sein wollen, nach welcher Melodie auch immer man ihnen das Kriegslied vorsingen mag. »Gibt es etwas Lächerlicheres«, schreibt Blaise Pascal schon vor dreihundert Jahren, »als daß ein Mensch das Recht hat, mich zu töten, weil er jenseits des Wassers wohnt und weil sein Fürst mit dem meinen Streit hat, obgleich ich gar keinen mit ihm habe?«

Wenn der ältere Bruder der Mann der Gewalt und des Terrors ist, so ist der jüngere um nichts weniger gefährlich, weil er mit subtileren Methoden ans Werk geht. Er gehört zu jenem Menschenschlag, dessen

Geist dem Dämon der Macht verfallen ist, der süchtig ist nach dem berauschenden Gefühl, daß Furcht und Zittern von ihm ausgeht, der seinen Opfern ins Gesicht lächelt, wenn man ihnen die Daumenschrauben anlegt. Es sind Menschen, die oftmals reiche Gaben besitzen, diese aber bewußt in die Dienste des Satans stellen. Ihr Intellekt kann bewundernswert sein, während ihr Gefühlsleben zu einem geschmacklosen Restchen Sentimentalität verkümmert.

Keine Regierung, kein Geheimdienst, kein Wirtschaftskonzern, kein Bankenkonsortium kommt ohne sie aus. Für jede Position, die einen Menschen erfordert, der mit Lust impertinent ist, sind sie die Idealbesetzung. Sie sind so nützlich, wie sie gefährlich sind, denn ihre Loyalität ist nicht grenzenlos, sondern schrumpft oder wächst proportional zum eigenen Vorteil. Jede Aufgabe, die rücksichtsloses Durchsetzungsvermögen erfordert, schlaues Paktieren, schöpferische Perfidie, gewandtes Austricksen, instinktsicheres Ausnutzen gegnerischer Schwächen, groß angelegtes Organisieren ohne übertriebene Rücksicht auf Leib und Leben der davon Betroffenen, ist der Ackerboden, der ihnen behagt. Sie heiraten des Teufels Großmutter, wenn es Vorteile bringt, und liefern den eigenen Freund ans Messer. Erpressung und Bestechung gehören für sie zum kleinen Einmaleins. Sie bedienen sich oftmals eines Mitarbeiterstabs, der ihnen blind ergeben ist. Sie haben die Gabe der Überredungskunst und verstehen es, eine fragwürdige Handlung so lange mit schönen Vokabeln zurechtzureden, bis sie der Öffentlichkeit wie ein gottgefälliges Werk vorkommt.

Nicht nur auf der großen Weltenbühne begegnet man ihrem Wirken. Auch im kleineren Umkreis des täglichen Lebens, sozusagen vor der Haustür, können wir sie finden: den Buchhalter, der unbedingt Prokurist werden will; den Lehrer, der sich zum Rektor berufen fühlt; die Sekretärin, die Frau Chefin werden möchte. Auf jedem Fußballplatz, in jedem Kirchengemeinderat, beim Männergesangverein »Eintracht« und in der Bankfiliale um die Ecke sind sie anzutreffen, vielleicht nicht ganz so genial, aber in ihrer Wirkung immer noch verheerend genug: die Ellenbogenphilosophen, die Möchtegerns, die um jeden Preis nach oben wollen. Und ehrlich gesagt: Haben wir nicht alle ein Stückchen davon in uns? Konkurrenz muß sein, sagen wir, sie steigert die Leistung. Dabei wird es immer Gewinner und Verlierer geben; dieses Lebensprinzip haben wir nicht erfunden. Wird man nicht mit einem goldenen Löffel geboren, muß man eben nachhelfen, wenn man die Erfolgsleiter hinaufklettern will. Wie soll ich als einzelner ausscheren, wenn rings um mich alles Karriere machen möchte? Ich würde ja zur Witzblattfigur, dem allgemeinen Gelächter preisgegeben, wenn ich mich inmitten des verbissenen Kampfes um Amt und Würden plötzlich auf Altvätertugenden wie Ehrlichkeit, Zuverlässigkeit, Treue und Bescheidenheit besänne!

Wir sind immer sehr beredt, wenn wir auf den Tanz um das goldene Kalb zu sprechen kommen; wir finden ein Dutzend Argumente, die uns die Rechtmäßigkeit unseres Tuns bestätigen sollen und alle recht einleuchtend klingen. Alles ist uns sympathischer als ein Blick in den Spiegel der Selbsterkenntnis, wo uns wahrscheinlich statt eines Schneewittchens jenes bekannte Tier mit den langen Ohren entgegenblikken würde.

Kehren wir zurück zu unseren beiden Brüdern, die so symbolträchtig »in der Klemme« sitzen. Alle geballte Kraft unseres jungen Haudegens, alle listenreiche Schläue des angehenden Meisterdiplomaten können sie nicht aus ihrer unangenehmen Zwangslage befreien. Es ist der allzeit verachtete, verlachte jüngste Bruder, der sie durch inständiges Bitten von dem erzürnten Zwerg freibekommt. Der Zwerg erfüllt ihm ungern seinen Wunsch; er kennt sich aus mit der Niedertracht der Menschen, weiß, daß nichts Gutes dabei herauskommt, wenn er die zwei Brüder in die Freiheit entläßt, die sie schlecht nutzen werden. »Hüte dich vor ihnen«, warnt er den Jüngsten, »sie haben ein böses Herz.« Und schon bald wird sich zeigen, welch guter Menschenkenner er ist.

Eigentlich möchte man doch annehmen, daß die Verzweiflung über ihre ausweglose Lage die Gemüter der Brüder weichgekocht hätte. Aber weit gefehlt; die Sache nimmt einen ganz anderen Verlauf. Nachdem sich die beiden widerwillig genug beim Bruder bedankt haben, kommt ihnen alsbald die unangenehme Erkenntnis, daß sie nicht nur versagt haben, sondern es darüber hinaus nur der Großmut ihres Bruders verdanken, mit heilen Knochen davongekommen zu sein. Wie aber sollen sie dankbar sein für eine Rettung, die sie als äußerst schmählich und ehrenrührig betrachten, hat sie doch dieser Schwächling zuwege gebracht, den kein Mensch für voll nimmt!

Wie stehen sie jetzt da, wenn die Welt die Wahrheit erfährt! Es gibt nur eine Möglichkeit, das Schlimmste abzuwehren: Sie darf es nicht erfahren. Es wird doch noch Mittel und Wege geben, wie man das verhindern kann; schließlich ist der Weg nach Hause noch viele Tage weit!

Kein Dank also, sondern ein böses Gefühl gekränkten Stolzes. Im Augenblick müssen sie ja wohl gute Miene zum bösen Spiel machen. Noch halten sie sich zurück, müssen zähneknirschend erleben, wie der Bruder im Verlauf ihrer Rückreise drei Reiche vor dem Verderben rettet. Sie verstehen die Welt nicht mehr, alles steht auf dem Kopf. Früher waren sie es, um die sich die Menschen scharten, denen man Aufmerksamkeit und Bewunderung entgegenbrachte. Nun müssen sie beiseite stehen, mit Ingrimm im Herzen beobachten, wie alle Ehre von dem jungen Fant eingeheimst wird – wie ihn die Könige umarmen, ihn ihren Freund und Retter nennen, während man ihnen nur höflich und unbeteiligt die Hand drückt. Sie sind aus der Höhe ihres dünkelhaften Selbstverständnisses herabgesunken zu Anhängseln des vormals so verspotteten und als unfähig betrachteten Bruders – eine Rolle, die ihrem Hochmut nicht weniger hart zusetzt als das Felsengefängnis des rachsüchtigen Zwerges.

Nur der verhaßte Bruder merkt nichts von alledem, erzählt ihnen in schöner Naivität, daß er nicht nur das Wasser des Lebens, sondern auch noch eine wunderschöne Braut gefunden habe, die er übers Jahr heimzuführen gedenke. Er ist so weltfremd, daß ihm die Blicke des Neides und der Bosheit entgehen, mit denen er von den Brüdern immer öfter gemustert wird.

Eines Tages gelangen die drei Brüder ans Meer und besteigen ein Schiff, das sie zurück in die Heimat bringen soll. Und hier auf dem Meer, in der Einsamkeit von Wasser und Himmel, wo kein menschliches Auge sie beobachten kann, vollenden die beiden älteren Brüder ihr Werk der Mißgunst und des Undanks an ihrem Retter.

Ihr Egoismus ist so grenzenlos, daß sie sich bei allem, was sie nun tun, auch noch im Recht fühlen.

Sollen sie vielleicht zusehen, wie dieser Grünschnabel da, der mit der Nase über ein Glück gestolpert ist, das ihm um etliche Schuhnummern zu groß sein dürfte – wie dieser Hansguckindieluft, dem niemand je etwas Vernünftiges zugetraut hätte, unversehens zum Helden und Lebensretter aufsteigt, wie er alle Gunst und Dankbarkeit des Königs auf sich ziehen, ihnen ihr Erbe streitig machen wird? Und was wäre ihr Teil in dieser Komödie? Spott über ihr Versagen. Anzüglichkeiten etwa von der Art, daß seit neuestem wohl Zaunkönige die Beute heimbringen, die ehemals die Habichte herbeigeschafft hätten. Und wie würde ihr Leben weiter aussehen, in fünf, in zehn Jahren? Zuschauen, Beifall klatschen, sich mit einer Statistenrolle und den Brosamen zufriedengeben, die der Günstling für sie übrig läßt? Nein, dazu haben sie sich nicht jahrelang in der Kunst des Dreinschlagens und Intrigierens vervollkommnet, damit sie jetzt bei der ersten Herausforderung gleich die Segel streichen.

Hat der jüngste Bruder denn ganz vergessen, was ihm der Zwerg zu bedenken gab, als er die beiden Brüder freibat? Meint er denn, alle Welt sei gutartig und vertrauensselig wie er? Die beiden beäugen ihn wie Bussarde, die vor dem Mäuseloch lauern. Sie wissen: Ihre Stunde wird kommen, sie dürfen nur nicht die Geduld verlieren. Und eines Nachmittags ist es soweit: Der Bruder schläft an Deck ein, träumt von seiner Liebsten, lächelt ihr im Schlaf zu. Und während seine Seele an fernen Ufern weilt, gehen die zwei Raubgesellen eilends ans Werk, gießen das Lebenswasser aus dem Becher des Bruders in ihren eigenen und füllen diesen mit bitterem, wirkungslosem Meerwasser.

Das Unglück nimmt seinen Lauf. Nach einigen Tagereisen tauchen in der Ferne die Mauern und

Zinnen der königlichen Residenz auf, und bei sinkender Sonne legt das Schiff am heimatlichen Ufer an. Wie ein Lauffeuer hat es sich in der Stadt herumgesprochen: Die drei Brüder sind zurückgekommen, alle drei gleichzeitig; und sie haben das Wasser des Lebens mitgebracht. Bis hierher erfüllen sich die Wunschträume des Ältesten, denn alle Welt, vom Bübchen bis zum Urgroßvater, will die drei Heimkehrer sehen, eilt zu ihrem Empfang herbei, begrüßt sie mit jubelndem Geschrei.

Und dann sind sie im Schlafgemach des kranken Vaters angekommen. Wir kennen das Trauerspiel, das nun seinen Anfang nimmt. »Vater«, jubelt der Jüngste, »jetzt hat alle Not ein Ende. Trink aus meinem Becher, und du wirst gesund sein wie in alten Tagen!«

Der König, zitternd vor Aufregung, setzt den Becher an die Lippen, nimmt einen Schluck, hustet, wird noch bleicher, als er ohnehin schon ist, und läßt den Becher kraftlos zu Boden rollen. Keine Genesung für ihn! Das Wasser hat versagt!

Sein Sohn verfolgt das mit fassungslosem Staunen. Er glaubt, seinen Augen nicht trauen zu dürfen, ist wie vor den Kopf geschlagen. Da stimmt doch etwas nicht, da geht doch etwas nicht mit rechten Dingen zu.

Nun aber treten – der Betrogene ahnt Schlimmes – die beiden älteren Brüder an das Bett des Kranken; keck und siegessicher zeigen sie ihm ihren eigenen Becher. »Gleich wird es dir besser gehen, Vater«, schmeicheln sie, »du mußt aus unserem Becher trinken, er enthält das echte Wasser des Lebens.«

Der König, verzweifelnd schon, nimmt zögernd den Becher, trinkt einen kleinen Schluck, dann einen größeren – tut einen langen, tiefen Zug – leert das

Gefäß bis zur Neige. Das ist das Wasser des Lebens, er fühlt es. Ein wohliges, lange entbehrtes Gefühl von Kraft und Gesundheit durchströmt den ganzen Körper und befreit ihn mehr und mehr von den brennenden Schmerzen in seinem Inneren.

Die zwei Betrüger blicken schadenfroh auf den jüngsten Bruder; nun haben sie ihm die Demütigungen der letzten Zeit heimgezahlt, nun haben sie das Gesetz des Handelns wieder in den Händen! Im Augenblick haben sie einen vollen Sieg errungen, kosten berauscht den gemeinsamen Triumph aus. Bald wird diese Gemeinsamkeit abbröckeln, jeder will im Grunde ja den ganzen Kuchen für sich allein. Aber noch hält die unheilige Zweieinigkeit, denn jetzt kommt alles darauf an, die Suppe zu kochen, solange das Wasser heiß ist: Es gilt, den König gegen den Bruder aufzuhetzen, denn noch besteht die Möglichkeit, daß dieser protestiert und dem Vater erzählt, wie es wirklich war.

Auch dieser Schachzug gelingt, wir wissen es schon, mußten es im letzten Kapitel miterleben, wie dem König Tropfen für Tropfen das Gift des Argwohns in die wunde Seele geträufelt wurde, bis dieser am Ende aus Angst um sein Leben und aus einer schlimmen Verwirrung des Herzens heraus ein ungerechtfertigtes Todesurteil über den jüngsten Sohn spricht. Angst ist immer ein schlechter Ratgeber; sie verdunkelt den Verstand, benebelt die Sinne, macht Kleines riesig und übersieht das Naheliegende, wenn es nicht in die Wahnvorstellungen paßt.

Die beiden Bösewichter können mit ihrem Erfolg sehr zufrieden sein. Alles ist nach Plan gelaufen: der König von wütender Erregtheit und wie besessen von der Überzeugung, daß sein jüngster Sohn ein verhinderter Vatermörder sei – dieser wiederum ist eingeschüchtert, muß um sein Leben bangen, entzieht sich der Bedrohung durch die Flucht, während man bei Hofe glaubt, er sei des vom König bestimmten Todes gestorben.

Und jetzt, da ihre Intrigen die Bahn freigeschaufelt haben, halten die zwei Hasardeure die Zeit für gekommen, dem König gegenüber etwas deutlicher zu werden. Sie sind es leid, nur von Dankbarkeit zu hören; jetzt möchten ihre Raubtierzähne eine habhaftere Kost, als da ist: Einfluß auf die Staatsgeschäfte nehmen, Machtbefugnisse übertragen bekommen, politische Entscheidungen mitbestimmen. Zum erstenmal geraten sich die beiden jetzt auch untereinander in die Haare, denn nun, da es an die Verteilung der Pfründen geht, empfindet jeder den anderen als ungeliebten Rivalen, der immer gerade das Stück vom Apfel abbeißt, das er selber gern gehabt hätte. Nur in einem Punkt herrscht nach wie vor Einigkeit: nämlich daß der König langsam aber sicher entmachtet werden soll.

Und insgesheim sind Nummer eins wie Nummer zwei fest entschlossen, sich den herrlichen Paradiesvogel zu holen, diese vielgepriesene Jungfrau mit Königreich, von der der junge Bruder so enthusiastisch erzählt hatte – Dummkopf, der er war.

Aber sie haben den Zenit ihrer schlimmen Laufbahn längst überschritten, werden es bald zu spüren bekommen. Die Geschichte nimmt ein ganz anderes Ende, als sie erträumten; sie endet, wie sie enden muß für Menschen, die unter einem Fluch leben, weil sie es sich mit Mächten verdorben haben, die gewaltiger sind als alle Kaiser und Könige dieser Welt zusammengenommen.

Die Wende beginnt damit, daß der König angesichts der Dankgeschenke der drei geretteten Könige stutzig wird und die Aussagen seiner beiden »Retter« etwas objektiver als bisher zu bewerten beginnt. Auch ist er wieder so kraftvoll und autoritär, wie er es zu seinen besten Zeiten gewesen war, und so müssen die Brüder auch in puncto Mitregentschaft einen Rückzieher machen.

Nun, überlegen sich die beiden, wenn es mit der Usurpation im eigenen Haus nicht so recht klappen will, dann gibt es ja noch das Reich der königlichen Jungfrau zu gewinnen. Auf denn in die Ferne! Auf Freiersfüßen geht es sich nicht schlecht, wenn die Braut in solch ansehnliche Mitgift eingewickelt ist! Und einer nach dem andern macht sich auf den Weg.

Die Königstochter aber ist eine kluge Jungfrau und ersinnt ein Verfahren, wie sich ohne große Mühe die Schafe von den Böcken trennen lassen. Einen goldenen Weg läßt sie anlegen, bis unter die Mauern des Palastes, und nur dem wird sich das Tor auftun, der geradewegs darüber geritten kommt. Sie weiß: Wem das Gold wichtiger ist als ihre Hand, der kann der Rechte nicht sein, der kommt nicht aus Liebe, sondern aus Habsucht.

Die beiden Brüder gehen denn auch prompt in die aufgestellte Falle. Sie sind viel zu gierig, viel zu materiell eingestellt, als daß sie es über sich brächten, ihr Pferd auf dem kostbaren Metall gehen zu lassen. Sie wollen ja vor allem Hab und Gut der jungen Frau, und dazu gehört auch dieser Reichtum zu ihren Füßen, für den sie eine weit bessere Verwendung haben werden, wenn erst einmal der goldene Vogel im Schloß da oben in ihrem Netz ist. So reitet denn der eine an der rechten Seite der Straße entlang, der andere an der linken, um nur ja kein Stäubchen von dem schönen Gold zu verlieren.

Und dann stehen sie vor dem Tor und dürfen gar

nicht hinein und bekommen die ersehnte Beute nicht einmal zu sehen. Unsichtbar und unerreichbar bleibt die Jungfrau für sie, wohlgeborgen hinter den festen Mauern ihrer Burg. Es ist wie verhext, alles läuft auf einmal schief. Enttäuscht und wütend müssen unsere beiden Mitgiftjäger einsehen, daß sie den ganzen weiten Weg umsonst gemacht haben, daß auch dieser Feldzug mit einer Niderlage endet.

Es kommt noch schlimmer: Der alte König hat längst eingesehen, wie unrecht er seinem jüngsten Sohn getan hat. »In allen Reichen ließ er verkünden«, heißt es in unserem Märchen, »daß er in Gnaden wieder aufgenommen« würde. So kommt denn endlich die Versöhnung zustande, und der König erfährt nun auch den ganzen Lug und Trug seiner beiden vermeintlichen Retter. Voll Zorn will er sie zur Rechenschaft ziehen. Aber die beiden haben Wind davon bekommen und retten ihre armselige Haut durch eine schnelle Flucht. »Sie hatten sich aufs Meer gesetzt und waren fortgeschifft und kamen ihr Lebtag nicht wieder.«

So verschwinden denn die zwei Brüder, von ihrer eigenen Bosheit zur Strecke gebracht, auf Nimmerwiedersehen irgendwo im Dunkel der Zeit, für den Rest ihrer Tage heimatlos und vogelfrei, während der ehemals verlachte Bruder nach schwerer, aber tapfer durchgestandener Bewährungszeit ein erfülltes Leben vor sich hat.

Fast immer siegt am Ende eines Märchens die gute Kraft: Ob wir dieses »Ende gut – alles gut« auch für die so brennenden und gewaltigen Probleme erhoffen dürfen, die derzeit unseren schönen blauen Planeten erschüttern? Vieles hat sich in den letzten Jahrzehnten verändert, was man vielleicht als Voraussetzung dafür betrachen könnte: Das martialische Säbelrasseln von ehedem hat seine Wirkung auf Mädchenherzen und Bürgergemüt verloren; das Protzen mit Bizeps und Muskeln ist schon fast zum Sujet für Karikaturisten geworden. Nicht mehr der Haudegen ist Idol Nummer eins, sondern ein weicherer, menschlicherer Männertyp mit Herz und Humor. Nicht mehr der Dämon der Macht, nicht die gewalttätige Energie der beiden älteren Märchenbrüder nötigt uns Bewunderung ab, sondern die gewaltlose, einfühlsame Lebensart des jüngsten, der in gewissem Sinne ein Held ist und doch keiner Fliege grundlos ein Leid antut.

Und er wird uns nun durch das nächste Kapitel begleiten.

Der Held, der keiner war

Als er dem Zwerg begegnete und dieser fragte, wohin er so eilig wolle, so hielt er an, gab ihm Rede und Antwort und sagte: »Ich suche das Wasser des Lebens, denn mein Vater ist sterbenskrank.« – »Weißt du auch, wo das zu finden ist?« – »Nein«, sagte der Prinz. »Weil du dich betragen hast, wie sich's geziemt, nicht übermütig wie deine falschen Brüder, so will ich dir Auskunft geben und dir sagen, wie du zu dem Wasser des Lebens gelangst.

Am Bett des kranken Vaters haben wir ihn zum erstenmal kennengelernt, den jüngsten Sproß des Königs, und wir wissen auch schon, wie er ungefähr aussieht: ein schmales Bürschchen von gutem Wuchs, aber zart wie ein Mädchen, mit langen Haaren und sensiblen Händen, die eher eine Harfe zupfen denn mit einem Schwert dreinschlagen können. Sein Gesicht verrät die edle Rasse, aber noch sind die Züge kindhaft und unfertig; viel Unentschlossenheit drückt sich in ihnen aus. Ein Traumtänzer scheint er zu sein, der in einer Umwelt zurechtkommen soll, wo man Träume als Schäume abtut, als unnütze Ausgeburten unseres Gehirns, nur von krankhaften Phantasten ernst genommen.

Äußerliche Schönheit kann man ihm nicht absprechen. Aber davon abgesehen, stellt man sich bei Hofe einen Prinzen von königlichem Geblüt schon ganz anders vor – etwa so, wie er in dem aus der Älteren Edda stammenden »Merkgedicht von Rig« geschildert wird:

»Zum Jüngling wuchs Jarl da auf,
schwang den Schild, schnitzte den Bogen,
spannte Sehnen, spitzte Pfeile,
hetzte Hunde, hob die Lanze,
saß im Sattel, entsandte Gere,
schwang das Schwert,
schwamm durch den Sund.«

Das ist körperliche Ertüchtigung, wie sie einem jungen Menschen, zumal einem Vertreter des Königshauses, wohl ansteht! So sieht ein künftiger Fürst aus, erfahren in allen Künsten des Waffenhandwerks, zu Durchhaltevermögen und Härte gegen sich selbst und gegen andere geschult, bereit und fähig zu handeln, zu kriegen und zu siegen.

Nun bringt freilich jede Dynastie auch Söhne hervor, die für den Krieg nicht taugen. Aber es gibt ja auch andere Laufbahnen, die dem Staate von Nutzen sein können und keinen herkulischen Körperbau voraussetzen: geschickte Staatsmänner, wendige Diplomaten, schöpferische Wortjongleure auf der politischen Bühne, die die Fäden in Händen halten und die Puppen – oft genug auch die starken Kriegshelden – in ihrem Sinne tanzen lassen.

Ach, wie weit ist aber dieser junge Prinz auch von solcher Verwendung entfernt! Ein nachgeborener Nichtsnutz ist er, ein introvertierter Schlafwandler mit der empfindlichen Seele einer unerschlossenen Jungfrau! Freilich heißt es in den Sprüchen Salomos:

»Ein sanftes Gemüt voll Duldungsgüte ist mehr als ein Held im Kriegsfeld«, aber man weiß ja, wie das mit Spruchweisheiten so ist: Was sich gut anhört, taugt noch lange nicht für den Hausgebrauch.

Der junge Prinz steht am Fenster seines Palastzimmers und schaut in die abendliche Dämmerung hinaus. Schon ist die Sonne untergegangen, nur ein roter Streif zieht sich noch wie die Narbe einer Wunde durch den Abendhimmel. Die Hektik des Tages hat sich erschöpft, die Farben werden gedämpfter, vermischen sich mit blauen und grauen Abendtönen.

Schön könnte diese Stunde sein, denkt der Jüngling niedergeschlagen, aber für ein trauriges Herz ist sie eben nur traurig. Er fühlt sich unendlich allein in den weitläufigen Prunkgemächern des Palastes. Zwar hatte zwischen ihm und den Brüdern nie ein sehr herzliches Verhältnis bestanden; aber nun, da sie fort sind, ist es noch einsamer um ihn geworden.

Er denkt an den Vater, der ein paar Türen weiter voller Schmerzen mit dem Tode ringt, fühlt sich so hilflos und nutzlos, da er nichts für ihn tun kann; wird sich so richtig der Tatsache bewußt, daß er für seinen Erzeuger noch nie ein Anlaß zur Freude gewesen ist. Schon als Kind, erzählte man ihm, sei er weinerlich und über die Maßen mimosenhaft gewesen, ein ewig kränkelndes Kräutlein Rührmichnichtan. Er weiß – und der Vater hat nie ein Hehl daraus gemacht –, daß er sich so ganz anders entwickelt hat, als der König sich seinen dritten Sohn gewünscht hätte. Kraftvoll hätte er sein sollen, energisch und zupackend – und wenn das seine schwächliche Konstitution schon nicht zuließ, dann wenigstens höfisch gewandt, witzig, geschult in der Kunst geschliffenen Parlierens und der galanten Plauderei. Aber keine von all diesen

Eigenschaften war ihm in die Wiege gelegt worden. Trotzdem hatte ihm der Vater bei aller Strenge immer ein Stück Narrenfreiheit zugebilligt; nie hielt er ihm die mangelnden Talente vor, aber seine Aufmerksamkeit, sein königliches Interesse waren durch alle Jahre der Kindheit und Jugend den beiden älteren Brüdern zugewandt gewesen, die für die Zukunft des Reiches brauchbar und fest einkalkulierbar schienen.

Ob der König vielleicht deshalb so sanft und verständnisvoll mit seinem Jüngsten verfuhr, weil er in diesem Charakterzüge wiederfand, die er selber in seiner fernen Jugend hatte bekämpfen und begraben müssen als Tribut an die Rolle des künftigen Regenten?

Draußen ist es inzwischen Nacht geworden. Eine Dienerin ist leise eingetreten und hat die Kerzen des Kandelabers entzündet. Das warme Licht, der Duft des schmelzenden Wachses legen sich wie ein Trostpflaster auf die betrübte Seele des Jünglings, aber sie können die Ängste nicht auslöschen, die ihn mit jedem Tag mehr bedrängen. So lange Zeit ist nun schon vergangen, seit die zwei Brüder hinausgezogen sind, um dem Vater das einzige Heilmittel zu bringen, das ihm noch helfen könnte: das Wasser des Lebens, von dem der alte Mann damals im Garten erzählt hatte. Und keiner ist wiedergekommen. Nun liegt es also an ihm, dem Unpraktischen, dem in allen Dingen des Alltags so Unbrauchbaren, einen neuen Versuch zu wagen. Er muß Hilfe holen, dem Vater und dem Reich zuliebe; er muß da erfolgreich sein, wo es die um so vieles gewandteren Brüder nicht gewesen sind. Wie er das bewerkstelligen soll, weiß er nicht; aber er weiß, daß er nichts unversucht lassen darf.

Der Prinz dehnt sich, streckt die Arme über den

Kopf wie einer, der aus tiefen Träumen aufzuwachen beginnt. Auf jeden Fall ist es an der Zeit, die lähmende Entschlußlosigkeit von sich zu werfen, die ihm sein ganzes Leben lang immer wieder in die Quere gekommen ist – Zeit, die Kinderschuhe abzustreifen, hinauszuziehen in die Welt, die ihm fremd und unheimlich ist. Morgen mit dem ersten Frühlicht wird er aufbrechen, das ist beschlossene Sache; der Vater hat, wenn auch widerwillig genug, seinen Bitten zugestimmt. Dies wird zugleich auch der Abschied von einem Lebensabschnitt sein, wo die weichen, mütterlichen Hände der Amme – die Mutter ist ja lange schon tot – manche Angst und Niedergeschlagenheit weggeschmeichelt haben, die von den hämischen Worten und derben Püffen der Brüder verursacht worden sind.

Ihm ist bang ums Herz. Seufzend wendet er sich vom Fenster ab, läßt den Blick abschiednehmend über die vertrauten Gegenstände des Zimmers gleiten, die ihn nun so lange Jahre umgeben haben: den geräumigen Alkoven mit den blauen Seidenvorhängen; die dicken, weichen Teppiche auf dem Fußboden; die leuchtendbunten Wandbehänge; den alten Eichentisch, an dem er so oft über den Aufgaben des alten Lehrers gebrütet hat; den Diwan, dessen Samtbezug im Lauf der Jahre eine gemütliche Schäbigkeit angenommen hat; und die vielen, mit mancherlei Ornamenten und Figuren bestickten Kissen, von sanften Frauenhänden für ihn gefertigt. Denn wenn man ihm auch Ansehen und Geltung in der tonangebenden Männerwelt versagte, so sind da doch immer Frauen gewesen, die ihn liebten und umsorgten.

Er tritt zum Kaminfeuer, wärmt sich die Hände. Morgen wird all dieser selbstverständliche Luxus Vergangenheit sein, wird es keine Gelegenheit mehr geben, in den Tag hineinzusinnieren; und sein Lager wird wohl ein hartes, rauhes sein – keines, auf dem man sich aus dem Ungemach des Lebens hinausmogeln kann, wie er es in vergangenen Tagen oft und gern getan hat. Ade ihr bunten Tag- und Nachtträume, ihr luftigen Gefährten vergangener Kinder- und Jugendzeit, so manches Mal rettende Zuflucht, wenn die Wirklichkeit zu unerbittlich scheinen wollte! Ab morgen wird das Leben einen härteren Zuschnitt bekommen, heißt es in eigener Verantwortung handeln und ein Abenteuer bestehen, an dem die weltoffenen, trickreichen Brüder allem Anschein nach gescheitert sind.

Er tritt auf den Korridor hinaus, geht zu den Gemächern des Vaters hinüber, um sich von ihm zu verabschieden. Selbst jetzt, da der König, von Leiden schwer gezeichnet, weniger Majestät als armer Lazarus ist, überkommt den jungen Mann wieder der gleiche Drang, vor ihm davonzulaufen, sich zu verstecken, wie er es als Kind oft genug in den Falten irgendeines Frauenrockes getan hatte. Aber er weiß: Die Zeit des Versteckens ist vorbei. So tritt er zögernd an das Bett des Vaters, der aus dem Abgrund seiner Schmerzen zu ihm aufsieht. »Vater«, sagt er leise, »ich komme, um dir lebewohl zu sagen; morgen reite ich.«

»Dann bin ich also jetzt ganz allein«, flüstert der Kranke zwischen zwei Atemstößen, »nicht einmal du bleibst mir noch.«

Der Prinz fühlt einen feinen Nadelstich bis in die Herzkammern hinein. »Nicht einmal du«, hat der Vater gesagt; das tut weh, das sagt alles, was es da zu sagen gibt. Alle zunichte gewordenen väterlichen Hoffnungen, alle Zurückweisungen in seiner glücklosen Kindheit sind in diesen drei Worten beschlossen.

Ein deprimierendes Abschiedsgeschenk für einen, der auszieht, das Heil zu suchen!

Beschämt und wehmütig blickt der junge Mann zur Zimmerecke hinüber, wo der alte Jagdhund des Königs liegt. »Du stehst ihm näher«, denkt er bei sich, »du hast ihm Beute gebracht, warst zu deiner Zeit ein brauchbarer und treuer Diener deines Herrn – anders als der unnütze Träumer im Prinzengewand.«

Er beugt sich zum Vater hinunter, gibt ihm einen zögernden Abschiedskuß, kann es nicht verhindern, daß ihm ein paar unmännliche Tränen über das Gesicht rinnen. Dann verläßt er den Raum wieder genauso schnell und geräuschlos, wie er ihn betreten hat, fast als wäre er auf der Flucht.

Er wird es nicht leicht haben, unser junger Prinz, sich in der rauhen Luft der Wirklichkeit zurechtzufinden. Er gehört zu jenen Menschen, die reiche Talente haben, aber so sehr in ihre Gedanken versponnen sind, daß sie mit den einfachsten Problemen des täglichen Lebens nicht fertig werden. Nur wenn es ihnen gelingt, ihren inneren Seelenreichtum mit dem nötigen Maß an äußerer Tatkraft zu verbinden, wenn sie lernen, daß das Leben nicht nur eine weiche, gefühlsselige Qualität, sondern auch eine durchaus realitätsbezogene, handfeste Seite hat, dann mögen sich für sie, die voller Phantasie und schöpferischer Ideen stecken, Wirkungsfelder erschließen, die den braven und gediegenen Verwaltern des Alltags verschlossen bleiben.

Wir begegnen unserem Prinzen am anderen Morgen schon hoch oben im Gebirge. Zum erstenmal ist er ohne Begleitung unterwegs, ganz auf sich selber gestellt, und zu seinem Erstaunen erlebt er das als ungemeine Erleichterung. Er merkt, daß die Bequemlichkeit eines Gefolges immer mit dem teilweisen Verlust persönlicher Freiheit bezahlt werden muß, daß man so lange nicht auf den Führer in der eigenen Brust horchen kann, als andere das Kommando führen.

Er klopft seinem Pferdchen wohlgemut den Hals, das ihm wiehernd und freudig schnaubend Bescheid gibt, schaut mit glänzenden Augen in die morgensonnenbeschienene Landschaft hinaus, die so blank und wiesengrün vor ihm ausgebreitet liegt. Wäre der Vater nicht so krank, der Anlaß dieser Reise weniger betrüblich, er möchte heute seit langer Zeit wieder einmal ein Lied singen.

Er trabt munter seines Wegs und gelangt bald an die Stelle, wo das kleine, verwachsene Männchen, das wir nun schon kennen, steht und ihm mit der gleichen Frage entgegentritt, die es den beiden Brüdern gestellt hat. »Wohin so eilig?« möchte es wissen.

Nun zeigt es sich, daß dieser junge Mann aus einem anderen Holz geschnitzt ist als seine beiden Vorgänger. Er hält sein Pferd an und erzählt dem Zwerg mit selbstverständlicher Freundlichkeit, was er vorhabe und daß er noch gar nicht so recht wisse, wie er zu dem Lebenswasser gelangen könne, das er für den todkranken Vater – koste es, was es wolle – herbeischaffen müsse.

Und seine Herzenshöflichkeit wird auf der Stelle belohnt. Der unscheinbare Wicht entpuppt sich als die einzige Macht, die ihm in der augenblicklichen Situation weiterhelfen kann. Er ist der Wegweiser, den die zwei älteren Prinzen in ihrer Verblendung übersehen haben – genau jener »Irgendwer« des ältesten Prinzen, den dieser erhofft hatte, allerdings eben nicht in der Gestalt eines unscheinbaren Zwerges.

Es ist ein verhängnisvoller Irrtum, zu glauben,

große Macht müsse immer auch in einer großmächtigen Hülle zu Hause sein. Die Kräfte aus der Tiefe, die wissenden Diener der Mutter Erde – und um einen solchen handelt es sich ja bei dem Zwerg – verstecken ihre Macht oft in einer recht unauffälligen Gestalt. Und wehe dem, der die Prüfung nicht besteht, der äußeren Zwergenwuchs mit innerer Geringfügigkeit verwechselt!

Unser Prinz ist durch eine unbarmherzige Lebensschule gegangen. Er weiß, wie weh es tun kann, wenn man von seiner Umgebung nicht für voll genommen wird; er hat wahrhaft keinen Anlaß gehabt, Dünkel und Hochnäsigkeit zu entwickeln. Bescheidenheit ist sein täglich Brot geworden und Demut die Suppe, die er löffeln mußte. Nun kommen ihm diese Erfahrungen zugute. Er erreicht durch freundliches Eingehen auf die Frage des Zwerges genau die Auskunft, die er für sein Weiterkommen braucht und die den Brüdern durch instinktlose Überheblichkeit verwehrt geblieben ist. Der wohlwollend gesonnene Erdgeist gibt ihm eine Rute zum Öffnen des Schloßtores und zwei Brote für die dahinterliegenden Löwen – Hilfsmittel, die es ihm ermöglichen werden, ohne Gewalt und Blutvergießen, aber auch ohne Falschheit und Verstellung an die ersehnte Kostbarkeit zu gelangen.

Nach einigen Tagereisen steht der Prinz endlich vor dem Tor des Schlosses, das altersgrau und abweisend vor ihm aufragt. Dreimal schlägt er mit der Rute daran, wie der Zwerg es ihm geraten hat, und die Torflügel öffnen sich ihm bereitwillig, als hätten sie schon auf ihn gewartet. Er tritt zu den beiden Löwen, die sich bei seinem Anblick aufrichten und die Mähne schütteln, wirft ihnen die mitgebrachten Brote in den Rachen, und die Tiere sind's zufrieden. Kein Schwert wird geschwungen, kein Blut vergossen. Alles geschieht ganz ohne Aufhebens, so, wie wenn es gar nicht anders sein könnte. Das ist das Geheimnis, wenn etwas zur rechten Zeit am rechten Ort in der rechten Gesinnung geschieht; dann fügt sich alles ineinander wie Stücke eines großen Lebenspuzzles. Keinem der Beteiligten geschieht ein Leid, nicht dem gebenden und nicht dem nehmenden Teil.

Haben wir es nicht in unserem eigenen Leben auch schon erfahren müssen, daß man ein Lebensziel, ein quälendes Problem nicht zwingen kann, daß man warten muß, bis »die Zeit erfüllt« ist, daß eine Frage gewissermaßen reif werden muß, ehe sie lösbar wird? Und kranken nicht viele scheinbar so unlösbare Streitfragen dieser Welt an der leidigen Ungeduld der Kontrahenten, die immer im entscheidenden Augenblick die Tür hinter sich zuschlagen?

Mit Herzklopfen betritt unser Held die hochgewölbte Vorhalle zu den Gemächern des schweigenden Schlosses. Keine Menschenstimme ist zu vernehmen, kein Tier gibt Laut, nicht einmal das Summen eines Insekts bricht die gewaltige, dumpfe Stille, die über allem liegt – so, als hätte der letzte Vogel vor hundert Jahren hier gesungen. Nur seine eigenen Schritte werfen ein hallendes Echo durch die Korridore, eilen ihm voraus wie unsichtbare Diener, die seine Ankunft melden.

Zögernd öffnet er eine hohe Tür, tritt in einen Saal, in dem eine große Zahl junger Männer – wir erfahren, daß es verwünschte Prinzen sind – in tiefem Schlaf liegen. Sind es vielleicht die Vorgänger unseres Königssohns, die auf der Suche nach dem Lebenswasser ihre Aufgaben bis hierher haben lösen können und dann an einer weiteren Prüfung gescheitert sind? Wir erfahren, daß ihnen der Prinz »Ringe von den Fingern« zieht: Vielleicht, um den Schlafzauber zu lösen, ihnen dadurch die Möglichkeit zu geben, in einem neuen Anlauf ihr Ziel zu finden und so ihrem Leben wieder einen Sinn zu geben. Wir alle machen ja in unserem Leben so manchen Umweg, verfallen einer Aufgabe gegenüber, die uns zu schwer scheint, in eine innere Starre, stecken den Kopf in den Sand und warten darauf, daß sich durch irgendeine wunderbare Fügung alles in Wohlgefallen auflöst. Wie gut, wenn es dann einen Menschen gibt, der uns über diesen toten Punkt hinweghilft – sei's durch ein Gespräch, durch die Tat oder einfach dadurch, daß er da ist.

Der Prinz sieht sich in dem Saal weiter um, erblickt in einer Fensternische ein Schwert und ein Brot – Dinge, die nicht zusammenzupassen scheinen und hier doch einträchtig nebeneinander liegen. In seinem Innern meldet sich eine Ahnung, daß er beides noch brauchen wird, und so nimmt er die zwei Fundgegenstände an sich.

Er geht weiter, öffnet Tür um Tür, bis ihm auf einmal eine schöne, junge Frau entgegentritt und ihn als ihren Retter willkommen heißt.

Das ist nun freilich eine wunderbare Wendung der Dinge! Ausgezogen ist er in tausend Ängsten; Kämpfe mit Ungeheuern hat er sich ausgemalt, mit allen erdenklichen und unausdenkbaren Unbilden hat er gerechnet; auf finsterblickende Zauberer ist er gefaßt gewesen und auf feuerspeiende Drachen – aber gewiß nicht auf ein süßes junges Gesicht mit Worten der Dankbarkeit auf den Lippen!

Er blickt sie bezaubert an: Alle himmlische und irdische Frauenschönheit offenbart sich ihm in diesen Augen, die ihn so freundlich anlachen. So verwirrt ist er, daß er zunächst alle guten Manieren vergißt und sie stumm und fasziniert anstarrt. Es ist auch fast zuviel auf einmal, was da auf ihn zukommt. Da hat er denn wirklich – fast könnte man sagen: nebenbei – eine Frau gewonnen, die ihn Retter heißt und ihm nicht nur die Hand, sondern ein großes Reich bietet. Liebe, Reichtum, Ansehen im Kreis der Großen dieser Erde winken ihm – ihm, den alle Welt bis vor kurzem verlacht hat!

Doch noch ist er nicht am Ziel, noch gibt es Klippen genug, an denen er scheitern kann. Gleich die erste Versuchung ist eine übermächtige. Trotz der warnenden Worte des Zwerges legt er sich, müde wie er ist, in das schön gerichtete Bett, das so freundlich zum Ausruhen einlädt. Schlaf befällt ihn, Träume lächeln ihm vom Ufer der Kindheit herüber, möchten ihn, der sich gerade freikämpft, zurückziehen in die mütterliche Wärme. Und ums Haar hätte er alles verschlafen – Gesundheit des Vaters, Liebe der Frau, ein Reich und das eigene Leben. Doch diesmal steht sein Leben, das so lange im Schatten verlaufen ist, unter einem guten Stern; die positiven, aufbauenden Kräfte setzen sich durch, lassen ihn noch rechtzeitig erwachen. Er läuft zur Quelle, füllt den Becher mit dem kostbaren Naß, eilt zum Ausgang zurück und steht schwer atmend, aber glücklich vor dem Tor, das hinter ihm gewaltig zuschlägt – ihm noch einen recht schmerzhaften Denkzettel verpaßt, damit er in künftigen Fällen ein wenig »wachsamer« ist.

So ist bis hierher denn alles gut gegangen. Er, der Bruder Nutzlos, der kein Schwert führen, keine Lanze heben kann, der nicht einmal besonders geistesgegenwärtig oder listenreich ist, er ist an die Quelle gelangt, wo das Wasser des Lebens sprudelt. Mehr noch: Übers Jahr, wenn er wiederkommt, werden Hochzeitsglocken läuten, und ein Reich wird auf ihn warten, das es gerecht und umsichtig zu verwalten gilt. Eine große, eine gewaltige Aufgabe. Ist er ihr schon gewachsen? Ist er, gestern noch ein Rockzipfelheld, morgen schon reif genug, ebenbürtiger Partner einer Frau und weiser Lenker eines Volkes zu sein? Es scheint, die Zeit der Prüfungen ist für ihn noch nicht zu Ende. Noch ist die Schale zu weich, die Gutmütigkeit zu groß. Er will die beiden Brüder gerettet wissen, obwohl ihn der Zwerg bei ihrer zweiten Begegnung ausdrücklich vor ihnen warnt.

»Das Glück ist unsere Mutter, das Mißgeschick unser Erzieher«, schreibt Montesquieu. Nun, dieser Erzieher wartet schon auf unseren Helden, gewissermaßen in doppelter Ausfertigung: Es sind die beiden Brüder, die dem jüngsten für seine Befreiungsaktion wenig Dank wissen.

Unser Held ist viel zu vertrauensselig, erzählt den beiden in der Freude des Wiedersehens von seinen Erfolgen: daß er das Lebenswasser gefunden, eine wunderschöne Verlobte und ein Reich dazugewonnen habe. Er zeigt ihnen das Brot und das Schwert, zwei Kostbarkeiten von großer Macht, wie ihm der Zwerg erklärt hat. Er redet und redet – und merkt nicht, wie die zwei immer gelber im Gesicht werden. Kennt er sie denn immer noch nicht? Müßte er es nicht in langen, leidvollen Kinderjahren gelernt haben, daß die Brüder einen Wettstreit nicht verlieren, eine Schlappe niemals eingestehen können? Daß sie auf gar keinen Fall die zweite Geige spielen werden, wenn es um Erfolg und Ansehen vor den Menschen geht?

Noch ist er im Vorteil, vollbringt große Taten mit Brot und Schwert und muß dabei auch die betrübliche Erfahrung machen, daß man nicht jeder Auseinandersetzung aus dem Weg gehen kann, daß manche Situation so verfahren ist, daß sie nur noch »mit dem Schwert« bereinigt werden kann.

Und die zwei Brüder müssen danebenstehen und zuschauen, wie er Reiche rettet, königliche Freunde gewinnt und Ansehen erwirbt, das doch eigentlich ihnen zukäme.

Aber ihre Stunde kommt. Da legt sich der Bruder auf dem Schiff zum Schlaf nieder, der gutgläubige Tor, und träumt schon wieder einmal so gelöst und selig, als wäre er in Abrahams Schoß und nicht in den Händen zweier gewissenloser Glücksritter. Und merkt nichts von dem arglistigen Tausch, den die beiden vornehmen.

Die Schule des Lebens, die eine rauhe Lehrmeisterin ist, hält noch einige schlimme Kapitel für ihn bereit. Das erste davon heißt Verleumdung. Die heimtückischen Brüder brüsten sich nach der Heimkehr vor dem Vater nicht nur mit Taten, die sie nicht vollbracht haben, sie bezichtigen den jüngsten darüber hinaus auch noch des versuchten Mordes an dem kranken Monarchen. Und er ist so entsetzt, so fassungslos über das, was er an Anklagen von seiten der Undankbaren hören muß, so bis in die tiefste Seele hinein getroffen von der Leichtgläubigkeit des Vaters, der die Beschuldigungen für bare Münze nimmt, daß er gar nicht daran denkt, sich zur Wehr zu setzen. Er schweigt und spricht sich in den Augen der Welt durch dieses Schweigen selber schuldig.

Nach den schmerzlichen Erfahrungen, die er kurze Zeit später auf der Jagd machen muß, als ihm der verstörte Leibjäger des Königs eröffnet, daß er den Auftrag habe, ihn heimlich zu töten, bleibt dem Unglücklichen vorerst keine andere Wahl, als im bergenden Schutz des Waldes unterzutauchen.

Nun hat er Zeit, mehr als genug Zeit, darüber nachzudenken, was sich in jüngster Vergangenheit alles ereignet hat. Er findet sich in einem Chaos von Gefühlen und Geschehnissen wieder: Glück und Verzweiflung, Hoffnung und Niedergeschlagenheit, Furcht und Angst und höchste Seligkeit sind in einem tollen Wirbel auf ihn eingestürmt, verlangen nach Ordnung und Klärung. Immer wieder stellt er sich in dieser Zeit die gleiche Frage: Was habe ich falsch gemacht? Warum haben mir die Brüder das angetan? Warum hat der Vater, der doch immer ein gewisses Maß an Verständnis und Zuneigung gezeigt hat, mich so plötzlich fallen lassen?

Wenn man eine Frage lange genug umkreist, öffnet sich irgendwann einmal die Tür zur Antwort. Ihm dämmert, daß er selber nicht unschuldig ist an der augenblicklichen Misere. Man kann aktiv Schuld begehen, wie es die Brüder ihm gegenüber getan haben; man kann aber auch gewissermaßen passiv schuldig werden, indem man nämlich anderen die Gelegenheit dazu gibt, Unrecht zu tun. Wäre er nicht so vertrauensselig, so blind gewesen, hätte er seine Brüder realistisch gesehen als das, was sie nun einmal sind, dann wäre er auf dem Schiff vorsichtiger gewesen, hätte sie durch seine Naivität nicht geradezu herausgefordert, an ihm zu Verrätern zu werden. Leichtgläubig ist er gewesen und aus dem Bedürfnis heraus, aller Welt Gutes zu tun, wieder einmal viel zu willensschwach. Wenn man als Tölpel handelt, findet sich immer jemand, der einen übertölpelt.

Ein ganzes Jahr wird der Verstoßene im Dunkel der Wälder nun Gelegenheit haben, diese Erkenntnisse zu verdauen, auszureifen, ein fertiger Mensch zu werden. Er lernt in langen, bitteren Stunden die schwierige Kunst, sich im Spiegel der Selbsterkenntnis so zu sehen, wie er ist. Er gewinnt langsam die Einsicht, daß jede Tugend auch eine Schattenseite und jede Untugend irgendeinen Lichtfleck hat. Stärke kann Schwäche sein und Schwäche zu Stärke werden. Was von beiden ist Tugend, was Untugend? Das kommt wohl auf das Auge des Betrachters an und darauf, in welcher Tradition man aufgewachsen ist. Für die Augen der Welt, in der er groß geworden ist, hat Stärke immer etwas damit zu tun, daß man der mutigste Schwertkämpfer, der beste Lanzenwerfer ist, daß man den höchsten Wurf und den weitesten Sprung tut und bei jedem Wettkampf danach trachtet, Sieger auf Kosten eines anderen zu werden. Und Schwäche ist es, Bücher zu lesen, die Laute zu schlagen, Verse zu machen oder einfach ein Weib zu sein. Weiber sind von Geburt an der Inbegriff von Schwäche. Was Wunder, daß er in den Augen der Männerwelt nie etwas gegolten hat, der er unter Weiberröcken groß geworden ist! Und doch haben die Frauen ihn etwas gelehrt, was er in der Gesellschaft von Männern so nie erfahren hätte und worauf er nie und nimmer verzichten möchte: zu lieben und die Liebe anderer annehmen zu können.

Je mehr er mit diesen Problemen umgeht, desto deutlicher wird in ihm auch das Bewußtsein, wie ungeheuer schwierig es doch ist, das zu sein, was man »objektiv« nennt – Antworten zu finden, die nicht auch schon wieder einseitig sind. Er ist in Gefahr, das spürt er, vor lauter Gerecht-sein-Wollen schon wieder ungerecht zu werden. Er erkennt, daß Liebe und Frieden in seiner Seele nicht größer werden, wenn er nun alles weiß malt, was zuvor schwarz gewesen ist. Es gibt für alles eine Erklärung; selbst der krasse Undank der Brüder ist irgendwie verständlich, wenn er auch nicht gutzuheißen ist. Vielleicht, überlegt er, kommt in diesem Leben alles darauf an, den richtigen Platz zu finden, wo man nach seinen inneren Gesetzen leben kann, ohne andere zu unterdrücken oder als Dummkopf zu gelten.

Manche Nacht sitzt er so am Rande einer Waldlichtung, blickt zu Mond und Sternen auf, spricht mit ihnen und erhält Antworten, die ohne Worte sind und doch vieles in ihm klären und zur Reife bringen. Und mancher Sonnenaufgang trifft ihn oben auf dem Gipfel eines Berges, wie er sehnsüchtig über die schweigenden Wälder hinweg in die Ferne sieht, wo die Konturen undeutlich werden und wo hinter Wolken, die den Boden zu berühren scheinen, das Schloß der Liebsten liegt. Dort würden seine verquälten Sinne zur Ruhe kommen, würden alle Lebenslinien sich entwirren und zu einem klaren und einfachen Muster zusammenlaufen, nach dem man arbeiten und lieben und in Ruhe alt werden könnte. Aber noch ist es nicht an der Zeit, aus der Waldeinsamkeit aufzubrechen.

Der Winter kommt mit Kälte, Hunger und Entbehrungen aller Art. Er formt aus dem verzärtelten Knaben von einst einen standfesten Mann, der das Leben auch da meistern kann, wo man hart sein muß, zäh und ausdauernd. Und dann wird auch der Winter wieder schwach und müde; die Frühjahrsstürme fegen daher, die Sonne gewinnt neue Kraft, die Vögel probieren ihre alten Lieder. Im Wald hebt ein großes Grünen und Blühen an.

Das Jahr des Wachsens, Wartens und Sichsehnens neigt sich dem Ende zu. Lange Tage der Not und Einsamkeit sind es gewesen, aber – das weiß er nun in der Rückschau – keiner ist umsonst durchlitten worden. Er ist ein Mann geworden, der zu handeln weiß, der sich von Drohungen oder dem Gefühl eigener Unzulänglichkeit, das ihn früher so oft beschlichen hat, nicht mehr beirren läßt, das zu tun, was das Herz befiehlt. Die allzu große Gutmütigkeit – die, wie der Volksmund sagt, ein Stück von der Liederlichkeit ist – ist zerflossen wie der Schnee an den Hängen der Berge.

Ein immer reicher aufblühendes Gefühl der Sehnsucht nach der fernen Liebsten wächst in ihm auf, bis er eines Tages weiß: Nun ist die Stunde gekommen, wo er aus dem Wald heraustreten und zu ihr gehen muß. Tag um Tag treibt ihn das Verlangen vorwärts. Es ist ein beinahe blindes Erfühlen des Wegs. Immer schneller drängt es ihn vorwärts – weiter und immer weiter, kaum, daß er seinem Pferd und sich selber eine kurze Atempause gönnt. Die Gedanken eilen ungeduldig voraus; schon ist er vor dem Tor, springt vom Pferd, durcheilt die Säle, bis er sie sieht, den Inbegriff allen Erdenglücks.

Und so sehr lebt er in seinen inneren Bildern, daß er gar nicht merkt, wie der Hufschlag seines Tieres nach einer Weile einen hellen, metallischen Klang bekommt, der von den ungewöhnlichen Pflastersteinen herrühren mag, über die er reitet. Aber selbst wenn er es mit Bewußtsein wahrgenommen hätte, daß er da über pures Gold trabte, er hätte nicht eine Handbreit zur Seite gelenkt, nicht um alles Gold dieser Erde, wenn sich seine Ankunft auf dem Schloß dadurch auch nur um einen Atemzug verzögert hätte. Was soll grämliche Sparsamkeit, haushälterisches Pfennigfuchsen, wenn das Herz vor Ungeduld und Liebe überquillt!

»Und eine Straße wird da sein, und ein Weg.
Der Unreine wird nicht darübergehen,
aber er wird geschaffen sein für die Kinder
des Lichts.« Aus den Schriftrollen von Qumran[5]

Auf dem Schloß ist Hochzeit. Zwei Menschen haben durch alle Widrigkeiten des Daseins hindurch zueinander gefunden. Man tanzt, man schmaust und lacht und freut sich an den hellen, frohen Gesichtern der zwei Neuvermählten. Bald wird es auch ein Wiedersehen und eine Versöhnung mit dem König-Vater geben. Alles ist zu einem befriedigenden Ende gekommen.

Überlassen wir die zwei Liebesleute ihrem weiteren Schicksal, das ein freundliches zu werden verspricht, und wenden wir uns von der Märchen- der Menschenwelt zu. Können wir aus dem Schicksal des Prinzen etwas für unser eigenes Leben lernen?

Was ist es, das diesen jungen Mann so anziehend und sympathisch macht? Ist es vielleicht gerade die Tatsache, daß er kein Held im herkömmlichen Sinn ist? Keiner, zu dem man bewundernd aufblicken muß, weil er lebt und irrt und sich mit seinen Schwächen herumschlagen muß wie du und ich?

Nichts an ihm ist großartig oder heroisch. Zu Beginn des Märchens ist er ein ängstlicher Nesthokker, der gern träumt und ungern handelt, der keinerlei Durchsetzungsvermögen und Welterfahrung hat und seinen beiden Brüdern in allen Dingen des praktischen Lebens hoffnungslos unterlegen ist. Sein Lebensstil fällt in der Umwelt, in die er hineingeboren wurde, aus dem Rahmen. Wo andere einen Tausendmeterlauf machen, hockt er hinter Folianten vergraben. Statt sich im Pistolenschießen oder Lanzenwerfen zu vervollkommnen, übt er Geigenläufe und Gitarrengriffe. Wenn die Brüder mit ihren Freunden eine zünftige Freß- und Sauforgie veranstalten, sitzt er mit einem Butterbrot und einem Becher Milch bei seinem Lehrer und läßt sich den Lauf der Gestirne oder die Gesetze von Ebbe und Flut erklären.

Unter den jungen Leuten von heute würde er wohl kaum auffallen. Sie ziehen einem tollen Maßanzug ein paar ausgewaschene Jeans vor; das würde er auch so halten. Ein alter Beatlessong ist ihnen lieber als schneidige Marschmusik: ihm gewiß auch. Sie verabscheuen hochtrabende Grundsatzerklärungen, die mit vielen Worten nichts sagen. Das wäre ganz in seinen Sinn. Drogen könnten für ihn vielleicht ein Problem sein, weil er sich gern aus dieser Welt hinausträumt. Die meisten Schwierigkeiten aber hätte er wohl damit, sich in dem Wust von Verhaltensmustern zurechtzufinden, die sich die Gesellschaft zugelegt hat und die alle einen gemeinsamen Nenner haben: Man sagt nicht mehr, was man denkt, und man sagt dies in Worten, die nicht mehr stimmen. »Liebe« – das meistmißbrauchte Wort der Weltgeschichte – kann eine Vokabel für sadomasochistische Verhaltensweisen sein, »Freiheit« eine Umschreibung für das Gefangensein in tausend moralischen oder politischen Zwängen. Wir sprechen von Frieden und rüsten für den Krieg; wir sprechen von Gott und seinen Geboten, wo es oft nur um bequemes Gehorchen geht. Der Wohlstand, dessen wir uns erfreuen, ist teuer erkauft: Wir bezahlen ihn mit Anpassung, leben nicht mehr unser eigenes Leben, sondern das, was die »Allgemeinheit« – wer ist das eigentlich? – für richtig hält, und nennen einen Menchen, der so handelt, »modern« und »aufgeschlossen«. Die Begriffe, die die öffentliche Meinung prägen, haben alle einmal das Gegenteil bedeutet: Aus einer Atomrakete ist ein Friedensgarant geworden, Terroranschläge auf die Zivilbevölkerung sind ein Bekenntnis zum wahren Glauben, und aus einem Giftmüllskandal wird ein technisches Wiederaufbereitungsproblem. In summa: Wenn man den Teufel lange genug in Weihwasser einlegt, wird zum Schluß ein Heiliger daraus.

Auch am Hof unseres Märchenhelden anno dazumal mag es nicht viel anders gewesen sein, nur die Worte mögen sich von den unseren unterschieden haben. Und inmitten dieser Orgie von doppelter Moral begegnen wir nun einem jungen Menschen, der es fertigbringt, sich selber treu zu bleiben. Dieser Jüngling, so unsicher, so voller Hemmungen, er ist »der, der den guten Gang geht« – so sagten die Jünger von ihrem Meister Buddha. Das klingt einfach und ist doch so schwer. Die Welt hat allezeit einen ganzen Katalog von Ablenkungsmanövern und Spitzfindigkeiten zur Hand, wenn es gilt, jemand von diesem »guten Gang« abzubringen. Unsozial nennt man ihn oder weltfremd, einen Störenfried oder Spielverderber oder einen, der ewig aus der Reihe tanzen muß. Dabei ist es beispielsweise gar nicht leicht und schon gar nicht selbstverständlich, einem Fragenden, der geringer als man selber scheint, höflich und erschöpfend Antwort zu geben; dazu gehört eine gehörige Portion jener Tugend, die man heute ein wenig banal als »Zivilcourage« bezeichnen würde. Viel näher läge es, daß man die Gelegenheit ergreift und nun selber einmal »oben« ist. Doch dieser junge Mann lernt in einem schmerzlichen und langwierigen Selbsterfahrungsprozeß, sich in aller Demut so zu akzeptieren, wie er ist, und sich den Erfordernissen der Realität – soweit nötig – anzupassen, ohne sich selber dadurch zu verlieren. »Was am schwächsten und verworrensten scheint in euch, ist das Stärkste und Entscheidendste in euch«, läßt Kahlil Gibran seinen Propheten sagen. Schwäche, derer man sich bewußt ist, ist kein Hinderungsgrund, an entscheidender Stelle das Richtige zu tun, und sei es mit Zittern und Zagen. Solche Schwäche geht »den guten Gang«, bleibt auf der goldenen Straße der Wahrhaftigkeit und wird letztlich, weil sie ehrlich gelebt ist, allen Kraftdemonstrationen überlegen sein. »Nicht unser Hirn, sondern unser Herz denkt den größten Gedanken«, sagt Jean Paul. So gesehen, hat unser Prinz das Zeug zu einem wahren Helden, dessen Heldentum dauerhaft ist, weil es aus dem Geist und dem Herzen kommt und nicht vom Applaus der Umgebung abhängt. Wenn es für unsere Welt noch eine Rettung und ein lebenswertes Morgen geben soll, dann brauchen wir viele Menschen, die unserem heldenhaften Antihelden gleichen. Nur wenn wir uns aus dem Irrtum befreien können, daß diese Welt durch Täter und Attentäter geändert werden kann, nur wenn wir ohne Säbelrasseln akzeptieren lernen, daß der Nachbar jenseits des Schlagbaums nach einer anderen Façon selig werden möchte, nur wenn kein Mensch mehr einem anderen an das Leben geht, weil ihm dessen Hautfarbe, Gesang- oder Parteibuch nicht gefällt, nur dann dürfen wir hoffen, daß der Mann aus Nazareth nicht umsonst gestorben ist.

Die Maschinerie des Krieges ist übermächtig geworden, die Massenvernichtungsmethoden sind zu solcher Perfektion entwickelt, daß wir uns Aggressionen zwischen Völkern und Kontinenten einfach nicht mehr leisten können. Das ist vielleicht nicht der moralischste Grund, für den Frieden zu plädieren, aber bestimmt der einleuchtendste. Wenn darüber hinaus immer mehr Leute ein Gespür dafür entwickelten, wie absurd es doch ist, sich als Ebenbild Gottes zu bezeichnen und dann doch ganz anders zu handeln, könnten einmal bessere Zeiten für den schönen blauen Planeten anbrechen. Nur: »Besserung verlangt Zeit«, heißt es bei Montesquieu einmal. Haben wir diese Zeit noch?

Längst dürften wir keinen Schlaf mehr finden, wenn wir daran denken, daß pro Jahr Milliarden und Abermilliarden in aller Welt (auch in den sogenannten unterentwickelten Ländern!) dafür ausgegeben werden, sich immer gründlicher gegenseitig »auszuradieren«, während gleichzeitig an jedem Tag, den Gott werden läßt, Tausende von Menschen hungern und verhungern. Aber auch diese Ungeheuerlichkeiten können zu einem Stück Alltag werden, an das man gar nicht mehr denkt. Sind wir innerlich nicht schon so abgestumpft, daß uns der Bissen nicht mehr im Halse stecken bleibt, wenn wir in Zeitung und Fernsehen die neuesten Greuelbilder serviert bekommen?

Wenn wir es doch lernen könnten, weniger Abscheu vor den Fehlern der anderen zu haben als davor, wie wir auf diese Fehler reagieren! Die Menschheit hat ganz unter der Hand und allen lautstarken Bekenntnissen zu Humanität und Friedensliebe zum Trotz aus dem christlichen Kardinalgebot der Liebe ein »Du sollst den Nächsten hassen wie dich selbst« gemacht. Wir mögen uns ja alle selber nicht mehr leiden. Wenn wir mit uns selbst etwas barmherziger umgingen, könnten wir es auch mit dem Nachbarn tun. Wäre hier vielleicht ein Ansatzpunkt, von den Wurzeln her und in ganz kleinen Schritten eine allmähliche Veränderung des menschlichen Bewußtseins zu erreichen? Wir könnten doch versuchen, in dem ganz kleinen Umkreis unseres persönlichen Lebens etwas zum Guten hin zu ändern, indem wir beispielsweise weniger an Karriere und Titel denken und mehr an innere Ruhe und Ausgeglichenheit. Auch in der »alternativen Szene« ist man schon wieder in Gefahr, in erster Linie die Welt »da draußen« verändern zu wollen. »Atomkraft – nein danke« ersetzt nicht den Hausputz im eigenen Inneren. So wichtig es ist, öffentliche Mißstände zu beseitigen, darf das kein Alibi dafür sein, uns um die Mißstände in der eigenen Seele herumzudrücken.

Auch der Held unserer Geschichte ist am Ende nicht mehr derselbe, der er am Anfang der Ereignisse war. Immer wieder stößt er an die Grenzen seiner menschlichen Möglichkeiten; erst durch manchen Schicksalsschlag kommt ein innerer Umwandlungsprozeß in Gang, der ihn in die Lage versetzt, seinen Platz im Leben voll auszufüllen, ein guter Verwalter seines Reiches zu werden, der gewiß mit den Nachbarn keinen mutwilligen Streit vom Zaun bricht und von Verhandlungen und akzeptablen Kompromissen mehr hält als von Krieg und Gewalt. Durch alle Enttäuschungen, Verfolgungen und Mißachtung hindurch bleibt er im Kern er selber, ja er findet eigentlich erst so recht zu seinem ureigenen Wesen. Er könnte ja auch den – leider – üblichen Weg gehen, könnte auf den Verrat der Brüder, den Unverstand des Vaters mit gekränktem Stolz, mit Trotz und Wut reagieren, Rachepläne schmieden, Gewalt mit Gewalt beantworten. Er geht aber den »guten Gang«: Er zieht den weitaus schwierigeren und anspruchsvolleren Weg der Selbstbesinnung vor und wächst so von innen heraus zu Größe und Reife.

Es gibt – das darf man nicht vergessen – Auseinandersetzungen, die schon so weit zum Bösen gediehen sind, daß man sie einfach durchstehen muß. Mit dem Brot allein hätte auch unser friedliebender Held die drei Reiche nicht retten können. Nun fangen die meisten Streitigkeiten aber klein an, schaukeln sich durch Aktionen und Reaktionen erst im Lauf der Zeit zu einem Punkt auf, wo es zur Explosion kommen muß, wo nur noch ein Schwert helfen kann. Es geht also darum – zu Hause und auch in der hohen

Politik –, gleich den Anfängen zu wehren, einmal mit einer Geste der Versöhnung dem anderen zuvorzukommen, statt auf den Zug des Gegners – und sei er noch so unvernünftig – mit einem Gegenzug der gleichen Art zu reagieren. »Frieden kannst du nur haben, wenn du Frieden gibst«, sagt Marie von Ebner-Eschenbach.

Lassen Sie uns im Sinne dieses Zitats die Gebenden sein! Seien wir – wie unser Märchenprinz – heldenhaft dadurch, daß wir gar keine Helden mehr sein wollen, sondern nur noch Menschen.

Große Macht in kleiner Gestalt

Also machte er sich auf, und als er eine Zeitlang fortgeritten war, stand da ein Zwerg auf dem Wege, der rief ihn an und sprach: »Wo hinaus so geschwind?« – »Dummer Knirps«, sagte der Prinz ganz stolz, »das brauchst du nicht zu wissen«, und ritt weiter. Das kleine Männchen aber war zornig geworden und hatte einen bösen Wunsch getan.

Wer kennt sie nicht, die kleinen, spannenlangen Männchen mit der Zipfelmütze auf dem Kopf; Zwerge nennt man sie. In allen Bilderbüchern kann man ihnen begegnen. Meist scheinen sie munter und vergnügt, tanzen um einen Fliegenpilz herum und sehen so bieder aus, als ob sie kein Wässerlein trüben könnten. Für idyllische Gemüter gibt es eine besondere Abart: den Gartenzwerg. Da steht er irgendwo neben den Stiefmütterchen auf dem gutbürgerlichen Rasen, bonbonfarbenbunt, mit einem heiter sein sollenden Kaufhauslächeln im Gesicht – Inbegriff gemütlicher Harmlosigkeit. Das ist also das Bild, das wir uns so gemeinhin von einem Zwerg machen: niedlich, nutzlos und ein wenig kitschig.

Ganz anders im Märchen: Da steht ein kleines, verschrumpeltes Männchen am Weg, winzig von Gestalt, mit einem uralten Gesicht, eigentlich mehr eine Schaubudenfigur für den Jahrmarkt als ein Gesprächspartner; steht da auf seinen viel zu kurzen Beinen und kräht die großen Menschenleute, die in Samt und Seide an ihm vorbeiparadieren, ganz ungeniert mit seiner Fistelstimme an. »Wo hinaus so geschwind?« möchte er wissen.

Und schon kommt einer angeritten, und bald noch ein zweiter, der es für unter seiner Würde hält, einem solchen Dreikäsehoch Rede und Antwort zu stehen, der die Erscheinung genauso gründlich mißversteht, wie wir es mit unseren Plastikzwergen tun. Wie kommt der Winzling dazu, sich derart aufzublähen? Wenn er schon eine Auskunft will, dann könnte er zumindest etwas mehr Höflichkeit an den Tag legen. Worte wie »guten Tag«, »bitte« und »danke« und ein tiefer Bückling dazu würden die Bereitschaft, sich auf ein Gespräch mit ihm einzulassen, schon wesentlich erhöhen. Aber der Kerl stellt ja alles auf den Kopf! Wie kommt er dazu, Fragen zu stellen, wo er höchstens devot zu antworten hat? Woher nimmt er bei seinem unmöglichen Aussehen das selbstbewußte Auftreten? Glaubt er, aus einem so besonderen Stall zu sein, daß er sich über alle gesellschaftlichen Konventionen hinwegsetzen kann?

»Dummer Knirps«, sagt der eine; »Kleiner Knirps«, sagt der andere, »das brauchst du doch nicht zu wissen.« Und sie reiten weiter, die beiden hochwohlgeborenen Herren mit dem schönen königlichen Stammbaum, als sei er Luft, der kleine Mann.

So waren die Menschen damals im Lande »Es war einmal«, und so sind sie heute noch: Da braucht einer bloß mit Pelz und wallenden Federn auf dem Barett daherzukommen, flugs werden die Leute vor ihm den Hut ziehen, und wäre der Kerl ein noch so ausgemachter Esel. »Kleider machen Leute«, sagt ein Sprichwort, »und Körpergröße schafft Ehrfurcht«, möchte man in unserem Fall ergänzen. Es ist seit alters eine menschliche Schwäche, auf Masken und Theaterposen hereinzufallen, Imponiergehabe mit Persönlichkeit zu verwechseln. Dabei hat es im Lauf der Menschheitsgeschichte mehr als einen Fall gegeben, wo Persönlichkeiten von extremem Kleinwuchs mit hohen Geistesgaben bedacht waren, ja sich oft durch geradezu dämonische Macht auszeichneten. Da gab es zum Exempel in Diensten des byzantinischen Kaisers einen Mann namens Narses, neben Belisar der größe Feldherr seiner Zeit und doch nur von der Größe eines Liliputaners. Da lebte ein Mann mit Namen Napoleon Bonaparte, der seine geringe Körpergröße mit einem schier unersättlichen Machthunger kompensierte, dessen Expansionswut die ganze Landkarte Europas veränderte, alle politischen Strukturen durcheinanderwirbelte und das Lebensschicksal von Millionen bestimmte. Oder denken wir an das Genie eines Richard Wagner: Sein pygmäenhafter Wuchs – ein unerschöpfliches Thema für die Karikaturisten seiner Zeit – hinderte ihn nicht daran, zum musikalischen Riesen zu werden und ein Werk zu hinterlassen, das aus dem Reich der Töne nicht mehr wegzudenken ist. Da lebte ein Henri de Toulouse-Lautrec, Sproß eines alten französischen Adelsgeschlechts, der durch einen Reitunfall im Kindesalter nicht mehr weiterwuchs; wer weiß, ob seine Bilder vom Leben und Treiben um Moulin Rouge und Montmartre diesen unnachahmlichen poetischen Duft, diese zauberhafte Leichtigkeit gewonnen hätten, wären sie nicht aus der sehnsüchtigen Zwergenperspektive eines vom normalen Leben Ausgeschlossenen geschaut worden. Schließlich gab es da einen

Mann namens Voltaire; obwohl winzig von Gestalt, war er einer der originellsten, unabhängigsten und einflußreichsten Köpfe seiner Zeit. Er predigte nicht nur Toleranz, er lebte sie; selbst den Arbeitern seines Landgutes gegenüber war er von so ausgesuchter Höflichkeit, daß einer seiner Besucher einmal etwas süffisant meinte, er behandle seine Bauern, als seien sie Botschafter. Und heute, gegen Ende des zwanzigsten Jahrhunderts? Nun, jeder hat ihn schon einmal im Fernsehen oder in einer Zeitung gesehen, den kleinen, großmächtigen Mann aus China, die graue Eminenz aus dem Reiche der Mitte mit Namen Deng Xiao Ping. Alle diese Beispiele zeigen, daß die geistige Größe nicht mit dem Metermaß gemessen werden kann, daß der alte römische Grundsatz vom »gesunden Geist in einem gesunden Körper« eben nur »wünschenswert« ist, aber keinesfalls eine conditio sine qua non darstellt.

Täuschen wir uns also nicht: So gering und unbedeutend der kleine Wicht erscheinen mag, der in unserem Märchen am Wegrand steht und die königlichen Brüder der Reihe nach anspricht, er hat mehr Wissen unter seiner Mütze, als unsere Schulweisheit sich träumen läßt. Denn er gehört zum Geschlecht der Zwerge, das äußere Unscheinbarkeit mit großer innerer Kraft verbindet, das die Tiefen der Welt bewohnt und von seiner Mutter, der Erde, mit Kenntnissen und Fähigkeiten bedacht wurde, die uns Menschengeschöpfen verwehrt sind: Sie wissen, wo in den Gebirgen die Erzadern schlummern, wo Gold und Silber und schimmernde Steine darauf warten, ans Licht gehoben zu werden; sie haben die Gabe, Metalle zu schmelzen, zu kunstvollem Geschmeide und allerlei sonstigen Gegenständen zu verarbeiten, in welchen oftmals ein besonderer Zauber verborgen ist. Denken wir nur an die germanischen Licht- und Schwarzalfen: Sie schufen das goldene Haar der Göttin Sif, das Schiff Skidbladnir des Gottes Freyr, das dieser ganz nach Belieben in die Tasche stecken oder zu unvorstellbarer Größe anwachsen lassen konnte; Odins Speer Gungnir, mit heiligen Runen beschnitzt, kam aus ihrer Werkstatt und Thors Hammer Miölnir.

Sie kennen Zaubersprüche, die Macht guter und böser Worte, wissen zu bannen und zu lösen. Sie können wohltuend und verderblich wirken, Segen spenden, aber auch verfluchen. Sie kennen verborgene Kräfte in Stein und Kraut und wissen heilsame Tränke zu brauen. Viele von ihnen haben die Gabe, sich unsichtbar zu machen. Man kann ihnen gegenüber also gar nicht vorsichtig genug sein. Obwohl weise und mit geheimem Wissen begabt, haben sie nicht durchweg erfreuliche Eigenschaften. Manch einer von ihnen ist hinterlistig und verschlagen. Bösartigen Zwergen, sagt man, ist es zuzuschreiben, wenn unter Mensch und Vieh Seuchen ausbrechen. Aber auch die gutartigen Vertreter ihrer Gattung bleiben – wie ihre Mutter, die Erde, selber – für Menschensinn immer ein wenig unberechenbar und unbegreiflich. Oft ist die Art, wie sie ihre Macht gebrauchen, abhängig von der Gesinnung, in der man ihnen begegnet. Geschieht dies in freundlicher und zuvorkommender Weise, können sie sich als überaus hilfsbereit und gefällig erweisen; wittern sie Geringschätzung oder Verrat, kann ihr Zorn furchtbar, ja vernichtend sein. Beides lernen wir in unserem Märchen kennen, zwergische Freundlichkeit und zwergische Rachsucht, und beides wirft über das ganze künftige Leben der davon Betroffenen seine Licht- oder Schattenspur.

Selbst der mächtige Gott Vishnu, so lehren es die

heiligen Schriften der Hindus, verschmäht es nicht, als »Zwerg-Avatar« in Erscheinung zu treten. Die dazugehörige Geschichte ist des Nachdenkens wert und erinnert an den Zwerg im Märchen: Ein mächtiger Dämon, ein Asura, hat sich aller drei kosmischen Reiche bemächtigt, der Unterwelt, der Menschenwelt und es Götterhimmels. Große Aufregung herrscht unter den Göttern, die nicht wissen, wie sie dem Unhold beikommen können. Da hat Gott Vishnu die rettende Idee: Als kleines Zwerglein besucht er den furchtbaren Asura und bittet diesen bescheiden um drei Schritte Land. Der Dämon, selbstgefällig und von seinen Erfolgen verblendet, gewährt dem kleinen Wicht herablassend diese Gunst. Und nun tut der Gott sich voneinander, nimmt seine kosmische Gestalt an und durchmißt mit drei Schritten das ganze Universum. Der Asura ist bezwungen und kann von Glück sagen, daß er ohne weitere Strafen in die Unterwelt verbannt wird, die ihm zu beherrschen verbleibt.

Für die beiden älteren Prinzen in unserem Märchen – keine Asuras, aber eingebildet genug – ist dieser Zwerg ein dummer kleiner Knirps, den man nicht zu beachten braucht. Nun, sie werden es bald zu spüren bekommen, was es heißt, den mächtigen Sohn der Mutter Erde zu verachten: Beide werden sie von ihm verwünscht »in eine Bergschlucht«, wo es kein Vorwärts und kein Rückwärts gibt, wo sie sitzen »wie eingesperrt«.

Es gibt viele solcher Orte, draußen in der Welt, aber auch drinnen in der Seele des Menschen, wo dieser Fluch in Erfüllung gehen kann. Manche psychische Erkrankung kann sehr wohl als Zustand verstanden werden, wo ein Mensch so sehr »in die Klemme« gerät, daß er nicht mehr weiß, wie es weitergehen soll. Er fühlt sich festgebannt; alles Lebendige, Fließende erstarrt. Man würde von einer schweren Depression sprechen. Nur, wenn er durch langes, geduldiges Hineinlauschen in die eigenen Tiefen die Gründe für sein »Eingesperrtsein« aufspürt, nur, wenn er die Lebensmacht, die von ihm – wissentlich oder unwissentlich – verletzt wurde, versöhnen kann, wird der Fluch von ihm genommen, wird die Quelle, das »Wasser des Lebens«, wieder zu sprudeln beginnen.

Im Märchen ist es der geheimnisvolle Zwerg, der den Weg zur Lebensquelle weist, der Rat und Beistand geben kann, damit der Suchende den Widerstand, der sich seinem Bemühen in Gestalt einer hohen Mauer und zweier gewaltiger Löwen entgegenstellt, überwinden kann. Er hält dieses Wissen, das ein großes Mysterium ist, hinter einer für Menschenaugen recht dürftigen und unzureichenden Fassade gut verborgen. Nur dem Auserwählten, den Macht nicht blendet und scheinbare Schwäche nicht übermütig macht, der ein reines, liebevolles Herz besitzt, offenbart er sich. Solch ein Auserwählter ist der jüngste der drei Brüder. Er, in den Dingen dieser Welt so unerfahren, hat jenen natürlichen Instinkt für das Wesentliche, der dem bloßen Täter fehlt.

Da steht er also zum drittenmal an der gleichen Stelle, der scheinbar so geringe Zwerg, und stellt seine Frage: »Wo hinaus so geschwind?« – obgleich er recht wohl weiß, wo die Reise hingehen soll. Man könnte seine Frage einen Test nennen mit der Überschrift: »Wie hältst du's mit der Menschlichkeit?« Und diesmal entwickelt sich die Szene ganz anders als die beiden Male zuvor. Ohne Ansehen der Person gibt der junge Mann ihm Bescheid, freundlich, höflich, ohne Herablassung und ohne falschen Ton des

Mitleids in der Stimme. Da steht einfach ein kleiner Mann, der etwas wissen möchte, und er gibt ihm Antwort, so gut er es vermag.

Der Test ist positiv ausgefallen, und die Belohnung dafür folgt seinem Entgegenkommen auf dem Fuß: Weil er sich beträgt, »wie es sich geziemt« (so spricht kein unbedarfter Gartenzwerg) und nicht »übermütig wie die falschen Brüder«, erhält der Jüngling von dem mächtigen Mann in der kurzen Gestalt alle Hinweise, die er braucht, um das Schloß, in dessen Hof die wundersame Quelle fließt, aufzufinden. Ja noch mehr: Der Zwerg gibt ihm einige Gegenstände mit auf den Weg, die es ihm ermöglichen werden, ohne Gefahr für Leib und Leben an die Stelle zu gelangen, wo er das Wasser schöpfen kann.

Eigenartige Gaben sind es auf den ersten Blick, die er da in Händen hält: eine eiserne Rute und »zwei Laiberchen Brot«. Was ist mit ihnen gemeint?

Im Märchen öffnet die Rute Türen, die sonst verschlossen bleiben. Solche Türen, hinter denen der Weg an die Quellen des Lebens beginnt, finden sich auch in den Tiefen unserer Seele. Jeder Mensch steht im Lauf seiner inneren Entwicklung, seiner »Menschwerdung«, einmal davor: Hat er sich in guter und redlicher Gesinnung »auf den Weg gemacht«, um eine Lebensfrage, die ihn bedrängt, zu lösen, hat er geduldig und konsequent an seinem inneren Fortkommen gearbeitet, dann wirkt die Summe seiner Bemühungen wie die Rute im Märchen, dann springt die Lebenstür auf, hinter der der Sinn seines Daseins verborgen liegt, durch die die Quelle erreicht werden kann, die lebendiges Wasser spendet. Ohne dieses Wasser, das die Seele mit Freude und Kraft und innerem Reichtum erfüllt, bliebe ein Menschenleben schal, öde, leer, auch wenn ihm alles Gold dieser Erde und das Wissen aus allen Büchern, die je geschrieben wurden, zu Gebote stünden. Nur mit diesem Wasser des Lebens wird alles sinnvoll, bewegen sich unsere Handlungen in die rechte Richtung, tun sich neue Seelenlandschaften auf, die das Leben erweitern und vertiefen; und die Lösung des Problems, das uns einmal so quälte, wird nun plötzlich so einfach, »wie wenn eine Kugel aus der Hand rollt« – so beschreibt der Chinese Meng-Dse diesen Vorgang einmal.

Will man hingegen aus Ehrgeiz – weil man es zu etwas bringen will – oder aus mißverstandenem Anpassungsbedürfnis heraus – »was die anderen können, muß ich auch schaffen« – sozusagen im Hauruck-Verfahren sich selber oder die augenblicklichen Lebensumstände einfach umkrempeln, will man sich das kostbare Gut wie die beiden älteren Brüder mit Gewalt holen oder erschleichen, ohne Rücksicht auf den richtigen Augenblick, den »kairós« der alten Griechen, dann wird man mit allem Willensaufwand nicht weiterkommen, sondern irgendwo ins Abseits, in die Klemme geraten, wie es den zwei älteren Brüdern widerfuhr. Die Lebenstür bleibt geschlossen, das Leben »draußen vor der Tür« wird schal, verflacht; man weiß nicht mehr so recht, wofür und warum man lebt. Und eines Tages wird sich dieser Mensch dann endgültig von der Tür abwenden, wird aus Trotz und Wut in die Gegenrichtung marschieren; wird versuchen, sich selber ein Lebenswasser zusammenzubrauen – und wenn er es schließlich braucht, wird er feststellen müssen, daß es doch nur nutzloses bitteres Meerwasser ist, das den Durst nicht stillen und die Wunden nicht heilen kann. »So aber ergeht es den Hochmütigen«, müßte man an dieser Stelle mit dem Märchen sagen.

Welche Bewandtnis könnte es nun mit den beiden Broten haben? Die Löwen, mächtige Tiere, mit denen nicht zu spaßen ist, verlieren nach deren Genuß alle Aggression, werden umgänglich und hindern den Spender nicht mehr daran, seinen Weg weiter zu verfolgen.

Da gibt es nun zunächst eine Tatsache, die bei den meisten von uns in Vergessenheit geraten ist, deren wir uns sogar schämen: Tiere gehören dem Leibe nach zu unserer weitläufigen Verwandtschaft. Vielleicht müssen wir wieder lernen, mit diesem Zweig unseres Stammbaumes ein wenig einfühlsamer umzugehen, Tiere nicht in erster Linie nach ihrem Wert für den Kochtopf oder den Kürschner zu taxieren, sondern als Freund und Partner zu betrachten. In einer Sammlung indianischer Visionen, »Im Zeichen des Regenbogens« betitelt, heißt es: »Wenn das Herz den wilden Geschöpfen Liebe entgegenbringt, werden nach einer Weile mehr und mehr von ihnen beginnen, sich mit uns anzufreunden; so wird die Harmonie allen Lebens sichtbar, das Verstehen des Lebensgeistes, der sich selbst in allen lebendigen Dingen offenbart.« Brot also als Sinnbild für eine neue Freundschaft zwischen Tier und Mensch?

Vergessen wir aber auch nicht das »Tier in uns selber«. Unser Leib besteht – wir hörten es schon – aus demselben Stoff, funktioniert im großen und ganzen nach den gleichen physiologischen Gesetzmäßigkeiten wie der unserer animalischen Verwandten. Aber wir haben auch sonst manche Eigenschaften, die nach Tier aussehen, können einem Löwen ähnlich sein, aber auch einem Krokodil, einem Fuchs, einer Maus. Wenn diese tierischen Anteile in uns nicht stören, sondern gewissermaßen domestiziert an unserem Leben teilhaben und teilnehmen sollen, dann brauchen auch sie »Nahrung« und Wohlwollen und nicht – ein vor allen Dingen christliches Mißverständnis – Unterdrückung um jeden Preis.

Zurück zu unserem Märchen: Noch einen Rat gibt der Zwerg, der große Wegweiser und Seelenlenker unserer Geschichte, dem Prinzen mit auf den Weg. Er solle sich eilen, schärft er ihm ein, wenn er das Wasser holt; denn wenn es zwölf Uhr sei, dann schlage das Tor zu, und er bleibe gefangen (so mag es den schlafenden Prinzen ergangen sein, die unser Held im Innern des Schlosses vorfand). Dieser Rat weist unseren Zwerg als »märchenhaften« Psychologen aus. Er sieht nicht nur die Tugenden des jungen Mannes, er erkennt auch intuitiv dessen Schwachstellen. Er fühlt, daß der Prinz nicht gerade der Schnellsten einer ist, daß er zum Bummeln neigt, zum Trödeln und Träumen, daß er Taten gern ein wenig vor sich herschiebt. Diesmal aber ist gesammelte Aufmerksamkeit vonnöten, schnelle Entschlußkraft, konzentriertes Bei-der-Sache-Bleiben – Eigenschaften, die unser Held erst noch entwickeln muß als notwendige Ergänzung zu seinen positiven, liebenswerten Zügen; denn diese Welt fordert den Menschen ganz und gar, sie kann nicht mit Träumen allein bestanden werden.

Daß gerade der Zwerg so reiches Wissen besitzt, daß er der Bewahrer und Gewährer so außerordentlicher Gaben ist, kommt – wir sprachen schon darüber – nicht von ungefähr. Sein Geschlecht lebt ja ganz nahe bei den Wurzeln des Lebensbaums. Welche Macht seinesgleichen besitzt, wird deutlich, wenn wir die Namen hören, die die Verwandten unseres Märchenzwerges, die Kabiren auf Samothrake, führen: »Schwarze Erde«, heißen sie, »Schwarzer Töter«, »Schwarze Töterin« – es scheint nicht ratsam, sich als normaler Sterblicher mit ihnen anzulegen, auch wenn unsere Beine länger sind.

Zwerge sind Paladine der großen Muttergöttin. Wo und unter welchem Namen diese auch immer in Erscheinung tritt – als Isis in Ägypten, als Astarte in Kleinasien, als Cybele bei den Phrygiern –, immer verkörpert sie den ewigen Kreislauf des Gebärens-Vergehens-Wiedergebärens, auf dem die kosmische Ordnung beruht. Dieser furchtbar-fruchtbaren Macht, deren Abgesandter in unserem Märchen der Zwerg ist, ist alles Geschaffene, alle belebte und unbelebte Natur heilig und wie Bruder und Schwester.

So aber, wie die zwei älteren Brüder unseres Helden den Zwerg als Repräsentanten der allmächtigen Natur verachten und verlachen, so halten wir Menschen es mit der Mutter Erde selber. Wir haben sie verraten, verraten sie laufend noch, indem wir sie zerdacht und zu fühlloser Materie abgewertet haben; wir zerstören sie, obwohl wir von ihr das Leben haben, ohne sie nicht existieren könnten. Wir nehmen ihr die Schönheit, zerwühlen ihren Leib, entstellen sie bis zur Unkenntlichkeit – kann auf solchem Tun irgendein Segen ruhen?

»Jeder Teil dieser Erde ist meinem Volke heilig, jede glitzernde Tannennadel, jeder sandige Strand, jede Lichtung, jedes summende Insekt ist heilig in den Gedanken und Erfahrungen meines Volkes.« So sprach vor rund hundert Jahren der Häuptling Seattle zum amerikanischen Präsidenten, und er fährt fort: »Wir sind ein Teil der Erde, und sie ist ein Teil von uns. Die duftenden Blumen sind unsere Schwestern, die Rehe, das Pferd, der große Adler sind unsere Brüder.«[6] Denkt man da nicht unwillkürlich an den liebenswertesten aller christlichen Heiligen, jenen

Bruder Franz aus Assisi, der Mond, Sterne und Winde seine Brüder nennt, der von der »Schwester Quelle« und der »Mutter Erde« spricht, der den Fischen und Vögeln predigt und den Menschenleib »Bruder Esel« tituliert?

In den Schriften der Essener, einer vorchristlichen jüdischen Sekte, die man in mancher Hinsicht als die »Alternativen des Altertums« ansprechen könnte, spielt die Erdenmutter eine überragend, dem Vater im Himmel durchaus ebenbürtige Rolle. Immer wieder, in tausend Bildern und Gleichnissen, wird der Mensch beschworen, sie zu achten und zu ehren.

> »Wir rufen die reiche Erde an,
> die Gesundheit und Glück besitzt
> und mächtiger ist
> als alle ihre Kreaturen!«[7]

So heißt es in einer ihrer Hymnen. Gerade aber diese Dankbarkeit, dieses Bewußtsein unserer Abhängigkeit von dieser Erde, auf der und von der wir leben, haben die Menschen seit langem zu verlieren begonnen. Als ob wir, die wir uns auf unsere Intelligenz so viel zugute halten, nicht genau unterscheiden könnten zwischen dem Ge-brauch und dem Miß-brauch einer Sache! Rechter Gebrauch setzt Sorgsamkeit und Ehrfurcht voraus, Mißbrauch hingegen ist rücksichtslose Ausplünderung, maßlose Ausschöpfung aller Ressourcen bis zum Exitus.

Ist es nicht auch dieser rechte Gebrauch, dieses behutsame Umgehen mit allem, belebt oder unbelebt, was der weise Zwerg im Märchen dem Prinzen nahelegt? Er sagt zu ihm nicht: »Reiße die Mauer ein!« oder »Töte die Tiere!«, er gibt ihm vielmehr die Möglichkeit, ans Ziel zu gelangen, ohne Schaden zu nehmen oder Schaden zuzufügen. Und indem er ihn auch die beiden Wunderdinge aus dem Schloß – Brot und Schwert – richtig verwenden lehrt, weist er ihn auch weiterhin auf den guten Weg, wo Hunger gestillt wird und das Schwert nur dazu dient, einem bedrängten Reich zu Ruhe und Frieden zu verhelfen.

Und noch einmal tritt der große kleine Mann als Hüter und Bewahrer auf den Plan: Er warnt den viel zu gutmütigen und harmlosen Prinzen vor den beiden Brüdern, warnt ihn dringend davor, sich ihnen anzuvertrauen, denn »sie haben ein böses Herz«. Diese Brüder sind die Vertreter jenes – auch in unserer »realen« Welt weit verbreiteten – Menschenschlags, der immer erst an seine Interessen denkt, und wenn die Welt darüber zugrunde ginge. Ihre Nachfahren sind es heute noch, die, in reinem Kosten-Nutzen-Denken befangen, das Angesicht dieser Welt mehr und mehr zerstören, für die Bäume nicht »die Brüder der Menschen« sind, wie es in einem Essener-Text[8] heißt, sondern eine Ware, die in Festmetern und Holzpreisen ausdrückbar ist. Sie sind »wie ein Fremder, der kommt in der Nacht und nimmt von der Erde, was immer er braucht. Die Erde ist sein Bruder nicht, sondern Feind, und wenn er sie erobert hat, schreitet er weiter.« Diese beschämende Charakterisierung des weißen Mannes stammt aus der bereits erwähnten, berühmt gewordenen Rede des Häuptlings Seattle[9]. Da wird uns von einem »Wilden« der Spiegel vorgehalten, in dem wir nicht wie Fackelträger der Kultur aussehen, sondern eher wie Totengräber, die eifrig damit beschäftigt sind, sich ihr eigenes Grab zu schaufeln.

Wehe uns Menschen von heute, die wir gedankenlos meinen, den Kindern der Mutter Erde jeden Tort antun zu dürfen, die Quellen vergiften, die Wälder zerstören, die Luft verpesten, die Äcker erschöpfen zu können, ohne für diese Barbarei eines nicht mehr fernen Tages eine schreckliche Quittung präsentiert zu bekommen! Wir haben es versäumt, versäumen es laufend, dieser Natur mit Ehrfurcht zu begegnen. »Das Blut, das in uns fließt, stammt von unserer Erdenmutter, ihr Blut fällt aus den Wolken, springt aus dem Schoß der Erde«, heißt es im Essenerevangelium. O weh, was ist aus diesem kostbaren Blut geworden! Totes, übelriechendes Abwasser, voll von Exkrementen und Unrat jeglicher Art; Transportadern für Industriemüll; Kloaken, in denen Fische, von Geschwüren entstellt, dahinvegetieren und morgen vielleicht schon tot sind. Es gibt unter den Indianern einen alten Spruch: »Trinke nie Wasser aus einem Bach, an dessen Oberlauf ein Weißer lebt.«

»Die Luft ist kostbar für den roten Mann«, sagt Häuptling Seattle, »denn alle Dinge teilen denselben Atem: das Tier, der Baum, der Mensch.«[10] Was ist das für eine Luft, die uns zu atmen bleibt, wenn die Industrie- und Kraftwerkschornsteine ihre ätzenden Schwefelwolken ausgestoßen, wenn sich die Verbrennungsrückstände aller Ölöfen, die Stickoxydschwaden aller Automotoren daruntergemischt haben? Schon beginnen die Städte im Smog zu ersticken, leiden immer mehr Kleinkinder an Pseudokrupp. Schon siechen unsere Bäume dahin, starren uns ganze Tannenwälder nadellos, die kahlen Äste wie in stummen Gebärden der Verzweiflung zum Himmel gestreckt, anklagend an.

Schon gibt es Hunderte von Vogel- und Käferarten nur noch präpariert und aufgespießt im Museum zu besichtigen. Schon sind Schmetterlinge, die munteren Gesellen, ein seltener Anblick geworden, und die bunten Blumenwiesen, die ihre Heimat waren, kennt man vielerorts nur noch vom Hörensagen.

Kunstdünger und Spritzmittel haben die Getreideäkker verödet, machen aus Obst und Gemüse aufgeblasene Zelluloseattrappen, die nach viel aussehen und nach nichts schmecken. Wo findet man im Weizenfeld noch eine Kornblume? Wo singt noch eine Nachtigall, da man aus Rationalisierungsgründen Hecken und Buschreihen »flurbereinigt« hat? Und ein abendliches Froschkonzert an einem Tümpel ist schon eine kleine Sensation.

»Ihr geht mit der Welt um, als hättet ihr eine zweite im Keller«, stand jüngst auf einem Demo-Plakat zu lesen. Vielleicht ist es einer der wenigen Hoffnungsschimmer, die wir noch haben, daß es immer mehr Menschen gibt, die auf den Ausverkauf der Natur allergisch reagieren, die hellhörig werden für scheinheilige Begründungen, die wirtschaftliches und industrielles Nutzdenken immer noch zur Hand hat, wenn es darum geht, wieder irgendeinen nicht mehr gutzumachenden Frevel gegen die Landschaft zu begehen. Man mache sich doch beispielsweise klar, daß in der Bundesrepublik Deutschland jede Stunde eines Tages zehntausend Quadratmeter Ackerland verbaut werden. Wovon wollen wir über kurz oder lang noch leben, wenn diesem Irrsinn nicht Einhalt geboten wird? Sollen wir eines Tages von einer Autopiste abbeißen, wenn der letzte Kartoffelacker zubetoniert ist? »Bald werden wir überall hinfahren können«, sagt Horst Stern, »aber es wird sich nicht lohnen, dort anzukommen.« Die Liste der gedankenlosen Todsünden, die wie ein Bumerang auf uns zurückzusausen beginnen, ist lang und wird mit jedem Tag länger.

Warum sind wir nur so überheblich und dünkelhaft, wenn es darum geht, einer Mutter zu danken, die uns wohlwill, die uns Nahrung gibt, Luft zu atmen, Wasser zu trinken und eine Sonne, die uns wärmt? Viele Arten von Lebewesen haben im Lauf der Jahrmillionen diese Erde bevölkert und sind wieder verschwunden. Halten wir uns für so unersetzlich, daß uns nicht das gleiche Schicksal blühen könnte? Oder sind wir vielleicht eben schon dabei, der Evolution diese Arbeit abzunehmen und uns selber auszurotten?

Vergessen wir doch nicht: Der Mensch ist vergänglich, die Natur ist ewig. Wir können sie vergewaltigen, wir können ihre Kinder verstümmeln und töten – sie wird neue Kinder gebären; ihre Phantasie und Kraft ist unerschöpflich. Wir Menschen sind, wenn wir uns nicht sehr in acht nehmen, nicht mehr als der Gedankenstrich zwischen zwei guten Einfällen der Schöpfung. Denn die Natur ist die Mächtige, wir sind die Ohnmächtigen; sie ist unsterblicher Teil des Universums, wir ihre sterblichen Vasallen. Wir halten uns so viel darauf zugute, daß wir Autos haben, die schneller sind als die Siebenmeilenstiefel der Märchen. Die Erde lacht nur. Wir haben Flugzeuge konstruiert, die mit dem Sturm um die Wette fliegen, wir haben Raketen erfunden, die bis zum Mond und weiter hinaus in die Unendlichkeit des Alls sausen. Die Erde lacht nur. Wir haben Schiffe gebaut, flinker als Delphine, und selbst in die grausige, lichtlose Tiefe der Ozeane steigen wir mit speziellen Tauchglocken ohne große Mühe hinunter. Die Erde lacht noch immer.

Aber wir haben noch einen Trumpf im Ärmel: Wir haben uns eine Naturkraft untertan gemacht, die so ungeheure Detonationen bewirkt, daß sie alles Leben, vielleicht sogar den Erdball selbst, in Stücke reißen kann. Und nun lacht die Erde nicht mehr. Nun ist sie nur noch traurig über den Kleinkinderverstand dieses Menschengeschlechts, das seine Omnipotenzbedürfnisse dadurch befriedigt, daß es sogar das Risiko auf sich nimmt, sich selbst zu eliminieren.

Längst sind die Zwerge ins Exil gegangen. Sie werden sich eine Welt gesucht haben, in der man mehr Respekt vor ihnen hat, in der es friedlicher zugeht. Wir aber, die wir an diese Dimensionen gebunden sind, die wir nicht einfach einen Koffer packen und zu einem anderen Stern verreisen können, sollten uns überlegen, wo in diesem Zug, der da unaufhaltsam auf den Abgrund zu rast, die Notbremsen sind.

Eines ist sicher: Wir wären schlecht beraten, wenn wir glaubten, uns dadurch aus der Verantwortung stehlen zu können, daß wir »den anderen« den Schwarzen Peter zuschieben. Wir alle zusammen machen dieses Menschengeschlecht aus; jeder einzelne von uns ist ein Schräubchen in dem Getriebe, das die zum Aberwitz gewordene Todesmaschinerie von Rüstung und Gegenrüstung in Gang hält. Politiker, Militärs, Naturwissenschaftler, sie haben viel Einfluß und große Macht in Händen; aber wir, die Mitläufer, die Fortschrittsgläubigen, sind gewissermaßen das Kraftfutter, aus dem sich diese Macht dauernd erneuert. Wenn sich nun aber dieses »Futter« ändert, müßte sich das doch auch auf die Macht auswirken, die sich davon ernährt.

Fangen wir also ganz unten an, bei uns selber. Es beginnt ja bereits an allen Ecken und Enden zu brodeln und zu rumoren: Bürgerinitiativen entstehen, Tier- und Umweltschutzvereine melden sich zu Wort, es gibt die Friedensbewegung und die Greenpeace-Leute, alternative Interessen- und Lebensgemeinschaften schießen wie die Pilze aus dem Boden. Ein ganzer Literaturzweig zum Thema »neues Bewußtsein« ist in den letzten Jahren entstanden. Vom Schafwollspinnen über ökologischen Gartenbau, von alten (neu entdeckten) Heilmethoden bis zum I Ging und Anleitungen und Kursen für Meditation und Selbstfindung reicht das Angebot und bietet jedem Interessierten Anknüpfungspunkte. Nicht alles ist Gold, was da glänzt. Vieles kommt im New-Age-Look daher und ist auch schon wieder eine Ideologie mit Alleinseligmachungsansprüchen. Dennoch: In all diesen Ansätzen und Versuchen, die sich zum Teil erst noch mausern müssen, ist Leben, ist schöpferische Phantasie am Werk; und nur diese lebendigen Kräfte können einen allmählichen Wandel im allgemeinen Denken bewirken. Wenn immer mehr Menschen damit beginnen, über all die Probleme nachzudenken, die sie früher unbesehen »denen da oben« überließen, wird man dem auch Rechnung tragen müssen, wenn es um die berühmten »Entscheidungen auf höchster Ebene« geht.

Von unserem Zwerg haben wir gelernt, welch große Macht in einem bescheidenen Äußeren stecken kann. Vielleicht könnte das auch ein Symbol für die – lebensnotwendige – Erneuerung im Zusammenleben der Menschen und Völker sein? Jeder einzelne von uns ist ohnmächtig, aber alle zusammen stellen wir ein Machtpotential dar, das viel beeinflussen und verändern kann.

Brot statt Tod

Mit der Rute schlag dreimal an das eiserne Tor des Schlosses, so wird es aufspringen: inwendig liegen zwei Löwen, die den Rachen aufsperren; wenn du aber jedem ein Brot hineinwirfst, so werden sie still, und dann eile dich und hol von dem Wasser des Lebens, bevor es zwölf schlägt, sonst schlägt das Tor wieder zu, und du bist eingesperrt.«

Wie erzgegossen stehen die zwei Riesenkatzen da, halten Wache zu beiden Seiten des Eingangs, der in die geheimnisvollen Innenräume der Burg führt: Inbegriff geballter Kraft und wilder, ungezähmter Schönheit. Hochaufgerichtet stehen sie da, signalisieren schon mit ihrer Haltung, daß an ihnen kein Vorbeikommen ist. Es sind nicht irgendwelche Tiere, die hier ihr Amt versehen, es sind die machtvollsten, gefährlichsten, königlichsten ihrer Art; nur sie sind würdig, die Quelle im Innern der Burg zu hüten, damit sie nicht durch die Hand eines Unbefugten entweiht werde. Nun kommt aber Bewegung in sie. Voll gespannter Aufmerksamkeit wittern sie zum Tor hinüber, das eben mit einem Krach aufgesprungen ist. Ein junger Mann erscheint unterm Torbogen, etwas zögernd noch, sieht sich um, betritt dann den Vorhof und geht nun auf sie zu.

Jetzt heißt es handeln, den Eindringling würdig empfangen. Die zwei Löwen wissen, was sie ihrem Namen schuldig sind, recken sich zu voller Größe empor, schütteln unmutig die mächtigen Mähnen, peitschen mit ihren Schwänzen den Boden, schnauben dem Jüngling ihren heißen Raubtierbrodem entgegen, zeigen ihm ihr fürchterliches Gebiß, mit dem sie ihn gleich in Stücke reißen werden. Nur nicht lange gefackelt! Bei einem Menschen weiß man nie, aus welcher Tasche er unversehens Tod und Verderben hervorholt.

Da passiert es auch schon, da greift er in den Brotsack. Jetzt ist höchste Wachsamkeit geboten! Aber dann geschieht etwas, auf das sie nicht vorbereitet sind, das sie so in Erstaunen versetzt, daß ihnen gewissermaßen das Brüllen im Hals stecken bleibt: Was der Mensch da hervorholt, ist kein Schwert oder sonst irgendein ausgeklügeltes Mordinstrument, nein, es sind zwei runde, schöne Laiblein knusprig aussehenden Brotes. Und ehe sie sich's versehen, hat jeder von ihnen ein solches zwischen den Zähnen.

Das läuft diesmal aber ganz anders als sonst! Kein Kampf, keine lautstarke Auseinandersetzung, keine schmerzhaften Wunden, weder hüben noch drüben. Vergebens hat man sein schönstes Imponiergehabe hervorgeholt. Der junge Mann sieht auch irgendwie anders aus als die Typen, mit denen man es bisher zu tun hatte. Bei denen rasselte und klirrte jeder Schritt von all dem Eisenzeug, das sie auf dem Leib trugen. Dieser hier hat weder einen Harnisch um noch einen Helm auf dem Kopf, und ein Schwert kann er schon deshalb nicht ziehen, weil er gar keines bei sich trägt.

Merkwürdig: Das ist kein Feind, fühlen die beiden Tiere; der will uns nicht ans Leder, der bringt Brot statt Tod. Eine ganz neue Erfahrung, auf die man sich erst einstellen muß. Wie kann man gleichzeitig kauen und kämpfen? Das paßt einfach nicht zusammen, da bleibt man ganz automatisch friedlich. Woher soll man schon Kampfeswut nehmen, wenn man statt einer Lanze zwischen die Rippen einen ordentlichen Happen zwischen die Zähne bekommt?

Gewiß ist das Wunderbrot, auf dem die beiden Raubtiere so genüßlich herumkauen, von besonderer Beschaffenheit; in der Regel gehören Löwen ja nicht gerade zur Gattung der Körnerfresser. Was also macht dieses Brot für sie so schmackhaft, welcher Zauber mag in diesen Leckerbissen eingebacken sein?

Wir wissen, die Brote kommen von dem hilfreichen Zwerg, der sich damit bei unserem jungen Helden für dessen Zuvorkommenheit bedankte. Der Zwerg aber ist – wir sprachen im letzten Kapitel darüber – ein besonders enger Vertrauter der Mutter Erde. Wahrscheinlich kommen also die beiden Brote letztlich von ihr. Nun entstammt ja ihrem Schoß alles, was Leben hat, die Tiere so gut wie die Menschen; alle sind sie dem Leibe nach ihre Abkömmlinge. So könnte also sie, die Mutter Erde, die große Vermittlerin sein, die die beiden entzweiten Lebensstämme – Löwe und Mensch – einander wieder näher bringt. Nur, wenn der Mensch sich nicht mehr über die Natur erhebt, sondern in ihr und mit ihr lebt, kann sich diese Welt aus dem Schlachthaus, das sie geworden ist, in einen freundlicheren Lebensgarten verwandeln, wo es zwar immer noch Hunger, Schmerz und Tod gibt, aber nur in den Grenzen unbedingter Notwendigkeit.

Das Brot der guten Erde bewirkt in unserem Märchen also, daß die beiden Löwen, die hier stellvertretend für alle Tiere dieser Welt stehen, Vertrauen fassen und Freundschaft zu fühlen beginnen für den jungen Menschen, der so friedlich vor ihnen steht, ganz ohne die übliche Überheblichkeit, die Repräsentanten seines Geschlechts in der Regel Tieren gegenüber an den Tag legen.

Und jetzt spätestens merken wir, daß es kein »Zufall« war, daß gerade dieser sanfte Jüngling das hilfreiche Brot erhielt und da erfolgreich ist, wo so viele vor ihm, die nach dem Geschmack der Leute vielleicht geeigneter gewesen wären, versagt haben. Ein »normaler« Mensch mit dem Geruch von Blut und Tod an den Händen hätte es nicht wagen dürfen, sich den beiden gefährlichen Tieren so ganz ohne Waffen zu nähern. Was bei einem solchen selbstmörderischer Leichtsinn gewesen wäre, ist bei unserem Märchenprinzen ein ganz natürlicher Vorgang. Er hat zwar Respekt vor den mächtigen Raubkatzen, einmal wegen ihrer aufgerissenen Mäuler, mit denen sie ihre körperliche Überlegenheit demonstrieren, zum anderen weil jedes Geschöpf dieser Erde, ob klein oder groß, ein Anrecht auf Achtung und Würde hat; aber in den Tiefen seiner Seele empfindet er keine Furcht vor ihnen, sondern ein Gefühl von Zuneigung und Solidarität. Ausdruck dafür ist das Brot, das er ihnen als Gabe der Freundschaft von der gemeinsamen Mutter mitbringt.

Dieses Brot der Versöhnung zwischen Mensch und Tier führt zu zwei wichtigen Konsequenzen, denen wir nun einmal etwas ausführlicher nachspüren wollen.

Die erste: Der Mensch muß es wieder lernen, diese Erde mit allen Lebewesen zu teilen. Er muß den Tieren, die seine Nachbarn und Gefährten sind, rücksichtsvoller begegnen als bisher. Er muß Abschied nehmen von der Vorstellung, daß er der Herr dieses Erdballs ist und alles, was sonst noch existiert, zur Befriedigung seiner Ansprüche geschaffen worden ist.

Darüber hinaus – und das ist die zweite Konsequenz – hat jeder Mensch in sich selber ein Stück Tiernatur, und er ist gut beraten, wenn er diese animalischen Anteile nicht verdrängt, sondern wenn er sie respektieren lernt. Wir bestehen nun einmal nicht nur aus Geist, Intellekt und Seele. Wir haben auch einen Körper, Instinkte und Triebe. In »Psychologie und Alchemie« schreibt C. G. Jung: »Die Rückidentifikation mit den menschlichen und tierischen Ahnen bedeutet psychologisch eine Integration des Unbewußten, recht eigentlich ein Erneuerungsbad in der Lebensquelle.«[11] Wenn wir es versäumen, uns mit unseren »tierischen Ahnen« anzufreunden, spalten wir einen ganzen Daseinsbereich von unserem Leben ab, den wir genauso nötig brauchen wie die geistigen Kräfte. Man könnte noch einen Schritt weitergehen: Nur, wer seine Menschen- und seine Tiernatur gleichermaßen in sein Leben einbaut, ist auf dem Weg, ein vollwertiges Leben zu führen, ein »ganzer« Mensch zu sein. Erst der gerechte Ausgleich zwischen »oben« und »unten«, zwischen Geist und Tier, bringt einen Menschen hervor, der ganz zu sich selber gefunden hat, der unverwechselbar er selber ist, kein Abklatsch irgendeines Ideals, frei von falschen Leitbildern, sich selbst und anderen gegenüber um absolute Ehrlichkeit bemüht, selbstzentriert und doch – so paradox das klingen mag – aus seiner Mitte heraus immer offen für die Welt und ihre Probleme.

Wohl gab (und gibt) es im Lauf der Jahrtausende immer wieder einmal große Persönlichkeiten, die frei von triebhaften Verstrickungen, frei von all den Abhängigkeiten, die ein hinfälliger Menschenleib mit sich bringt, aus den Quellen reinen Geistes lebten. Aber von solchen Ausnahmeerscheinungen sollte sich der Normalmensch nicht leiten lassen. Er kann nicht kraft seines guten Willens einfach einige – ihm minder erscheinende – Daseinsformen überspringen und gleich in die höheren Welten entschwinden. Das wäre unredlich. Auch dieses leibliche Leben mit all seinen Unzulänglichkeiten hat für die innere Entwicklung seinen tiefen Sinn und – seien wir der Erde gegenüber gerecht – auch seine Schönheit.

Denn sie ist schön, diese Erde, schön, reich und blühend; sie ist es immer noch, obwohl ihr größtes Sorgenkind, der Mensch, sich redlich bemüht, ihr Gesicht zu zerstören, ihre Lebenskraft zu brechen. Welch eine Vielfalt von Geschöpfen belebt die Berge und Täler, die weiten Ebenen, die Luft und das Meer: kleine Wesen und große, mächtige und bescheidene, sanfte und gefährliche; der Regenwurm im Acker gehört so gut dazu wie die »Lerch' im Ätherblau«. Die possierlichen Murmeltiere und die steifbeinige Giraffe, die hurtige Feldmaus und der gewaltig einherstampfende Elefant, sanft grasende Antilopen und verschlagene Hyänen, Eidechsen im Glast der Sonne und Pinguine im ewigen Eis, der riesenhafte Grizzly und der putzige Koalabär, Kolibri und Vogel Strauß, die munteren Delphine und die Goldfische im Teich, Anakonda und Blindschleiche, Mistkäfer und Biene: sie alle gehören zur Großfamilie der Mutter Erde.

Was wäre der Frühling ohne den Ruf des Kukkucks, was ein Regenmorgen ohne das lautstarke Getschilpe der Spatzen, die in den Wasserpfützen Toilette machen? Nie ist die Stille eines Sommermittags tiefer, als wenn der geschwätzig-einlullende

Monolog der Grasmücke aus dem Buschwerk dringt, nie die Schnee-Einsamkeit eines Wintertages fühlbarer als beim heiseren Gekrächze der Krähe vom Telegrafendraht herunter. Fürwahr: Was wäre unser Globus ohne die krabbelnde, kriechende, hüpfende, fliegende, schwimmende, summende, gurrende, bellende, brüllende Vielfalt seiner Bewohner! Hätten wir nicht allen Grund, uns mit Vorsicht und Sorgsamkeit unter ihnen zu bewegen?

Freilich muß man sich davor hüten, diese Welt als Idylle zu malen; das ist sie nie gewesen. Der Garten Eden ist ein höchst wünschenswertes, aber nicht realisierbares Traumziel. Noch nie hat der Tiger Gras gefressen und der Fuchs sich von Gänseblümchen ernährt. Aber es ist doch ein großer Unterschied, ob man tötet, weil man Hunger hat, oder ob man tötet, weil das Töten an sich eine Lust ist. Diese Lust am Töten – um diese deprimierende Einsicht kommen wir nicht herum – ist von keinem aller Erdengeschöpfe zu solcher Meisterschaft, ja Kunst entwickelt worden, wie vom homo sapiens. Wir haben also eigentlich gar keinen Grund, uns als die »besseren« Bewohner dieses Planeten zu fühlen. Wir sind nur gescheiter, aber Gescheitheit ohne Liebe kann auf schreckliche Ideen kommen – Ideen, wie sie ein Raubtiergehirn nie ausbrüten könnte.

Was haben wir uns nicht alles an Raffinessen einfallen lassen, um uns der Tiere möglichst einfach und ungefährlich bemächtigen zu können – und das beileibe nicht immer, weil uns der Kampf ums Dasein dazu zwang! Wenn unsere Vorfahren mit Keule und Speer auf die Jagd gingen, dann hatten sie in der Regel Hunger, und sie mußten ihrer Beute Aug' in Auge gegenübertreten; für Mutwillen und lustvolle Grausamkeit war da kein Platz. Wenn heute ein

Sonntagsjäger mit Flinte und Zielfernrohr bewaffnet in den Wald marschiert, dann ist es die Freude am »edlen Waidwerk«, das ihn treibt, und wenn er sich nicht sehr ungeschickt verhält, ist ihm der Hirsch, der Hase, der Fasan sicher. Braucht er die Tiere, um zu überleben? Das gerade nicht, aber es ist ein angenehmer Kitzel für Nerven und Gaumen, und das genügt, um die Sache zu einer gerechten zu machen.

Leider nahm die Geschicklichkeit des Menschen schneller zu als seine geistig-sittliche Entwicklung; das ist der Grund, warum tierisches Leben in unseren Tagen so unsicher geworden ist. Der Mensch hat sich kraft seines überlegenen Intellekts der Natur bemächtigt, aber er ist kein weiser, kein barmherziger Herr.

»Da ihr gezwungen seid zu töten, um zu essen, und zu rauben dem Neugeborenen seiner Mutter Milch, um euren Durst zu stillen, so macht aus dem Zwang einen Akt der Verehrung«, rät Kahlil Gibrans Prophet seinen Zuhörern[12]. Das wäre eine Möglichkeit: in Dankbarkeit des Lebens zu gedenken, das verlöschen mußte, damit das unsere erhalten bleibt. Es wäre zumindest eine versöhnliche Geste, wenn es auch an dem bedauerlichen Tatbestand selbst nichts ändert.

Schlimm genug, daß wir unser Wohlergehen mit dem Tod anderer Lebewesen erkaufen müssen! Warum aber sind wir im Umgang mit ihnen so achtlos, quälen und zerstören sie selbst da, wo es keinen einleuchtenden Grund dafür gibt? Das Tier ist in unseren Augen immer mehr zu einer bloßen Sache geworden, die man besitzen, deren man sich bedienen, die man züchten oder ausrotten kann, wie es für unseren Egoismus am nützlichsten ist. Denken wir doch daran, wie beispielsweise alle Jahre wieder um die Weihnachtszeit Tausende kleiner Hunde und

Kätzchen als lebende Geschenke auf den Gabentisch gesetzt werden. Wenn das niedliche Spielzeug einige Zeit später seinen Reiz verloren hat, wenn man in Urlaub fahren möchte und es zum lästigen Ballast wird, dann wirft man es fort wie eine leere Pralinenschachtel. Die armen Wesen werden irgendwo in aller Stille ausgesetzt, streunen halbverhungert herum, finden – wenn sie Glück haben – Aufnahme in einem Tierasyl, wo sie hinter Gittern ein wenig erspießliches, wenn auch versorgtes Dasein fristen. Haben sie Pech, dann landen sie in einem Versuchslabor, und dann steht ihnen in der Regel ein Ende bevor, wie es sich Dante in seinen infernalischsten Visionen nicht hätte ausmalen können.

Wie, so frage ich mich oft, müssen sich Menschen fühlen, deren Job es ist, Tiere zu quälen? Dumme Frage, ist doch inzwischen wissenschaftlich bewiesen, daß Tiere gar keinen Schmerz empfinden. Um aber nicht durch das Gequike solch armer Kreatur doch eines Besseren belehrt zu werden, schneidet man ihr vorsorglich die Stimmbänder durch. Ein stummes Tier ist ein bequemes Tier. So einfach ist das. Wenn schon Tierversuche wirklich notwendig sind – die Meinungen hierüber gehen auch unter Fachleuten weit auseinander –, dann sollten sie doch wenigstens auf das absolute Minimum beschränkt werden. Es ist wirklich nicht einzusehen, warum Kaninchen qualvoll erblinden müssen, nur weil es auf dem ohnehin reichhaltigen Kosmetikmarkt noch einen Haarspray mehr geben muß!

Tierversuche sind nicht der einzige dunkle Punkt in unserem Umgang mit der animalischen Verwandtschaft. Welch erbarmungswürdige Zustände, um ein Beispiel von vielen zu nennen, herrschen doch in den sogenannten Legebatterien, wo Hennen in Käfigen gehalten werden, die zu eng sind, als daß sich die Tiere ihr Gefieder putzen könnten (was auch pure Zeitverschwendung wäre!), mit abgesägten Schnäbeln, damit sie sich nicht gegenseitig hacken, auf Gongschlag fressend, auf Gongschlag Eier legend – armselige lebende Automaten, die nie das Glück kennenlernen werden, sich einen fetten Wurm aus dem Boden zu picken.

Was kann ich dafür, wenn es auf der Welt so grausam zugeht? Ich kaufe nur, was sowieso schon tot ist: So ungefähr lautet unsere Philosophie der Selbstbeschwichtigung. Aber das ist natürlich Augenwischerei, und das wissen wir auch. Denn wenn niemand kaufen würde, würde auch nicht so viel getötet. »Der einzige, der den Ozelot braucht, ist der Ozelot«, hat Professor Grzimek einmal treffend gesagt.

Oh, wir haben uns eine betuliche, niedliche Ahnungslosigkeit zurechtgemacht, wenn es um unser ungestörtes, gutes Leben geht. Nehmen wir einmal die Werbung: Da grüßt ein adrettes, rosiges Schwein mit Kochmütze vom Plakat herunter und wirbt für sein eigenes Fleisch. Da preist ein sprechendes Huhn mit neckischem Gegacker eine neu auf den Markt gekommene Hühnerpastete an. Da lacht uns vom Anhänger an der Daunendecke eine fesche Gans entgegen. Da gibt es »Bulli und Susi«, »das lustige Pärchen«, das uns »in Zukunft auf feines Fleisch« aufmerksam machen soll. Und alle, alle scheinen sie hochbeglückt, wenn sie den Vorzug haben, von uns gerupft, verspeist oder sonstwie verwertet zu werden!

Da höre ich im Geist nun schon einen ganzen Chor von ärgerlichen Stimmen, die sich gegen diese melodramatische Rührseligkeit verwahren: Ein Tier bleibe immer ein Tier, und ein Mensch sei ein Mensch, und man solle doch die gottgewollten Grenzen zwischen hüben und drüben nicht verwischen, basta! Zum ersten aber hat dieser Gott beileibe nicht alles gewollt, was man ihm in die Schuhe schiebt, um das eigene Gewissen zu entlasten; zum zweiten ist es ja der Mißbrauch, um den es hier geht, nicht um die Tatsache an sich, daß unser Leben – leider – nur mit dem Tod anderer Lebewesen erhalten werden kann.

Wie, wenn unser junger Held auch mit einer solchen Einstellung vor die Löwen getreten wäre? Die Szene hätte sich gewiß ganz anders entwickelt, drastischer, gewalttätiger; und letzten Endes wäre er mit seinem Bemühen, das Lebenswasser für den Vater zu finden, auf der Strecke geblieben. Das sei eben ein Märchen, und ich solle die Dimensionen nicht durcheinanderbringen, meint der Kritiker. Freilich ist es ein Märchen, und um zu beweisen, daß es auf dieser Erde weniger ideal zugeht, braucht niemand im zoologischen Garten über die Mauer ins Löwenareal zu klettern. Aber ist es ein Grund, Tiere zu töten, weil man sich vor ihrer Wildheit in acht nehmen muß? Ist die Botschaft dieser Geschichte nicht eben die, daß alle Lebewesen – wilde, zahme, Tiere, Menschen – das gleiche Recht auf Dasein haben und wir nicht befugt sind, dieses Recht willkürlich zu beschneiden, wenn wir nicht an Leib oder Seele Schaden nehmen wollen?

»Die Macht der Gottheit offenbart sich nicht nur im Geist, sondern auch in der wilden Tierhaftigkeit der Natur innerhalb und außerhalb des Menschen«, schreibt C. G. Jung[13]. Es ist also wohl doch keine Humanitätsduselei, wenn man jeglicher Form von Leben gegenüber Ehrfurcht empfindet. Auch in der Mächtigkeit des königlichen Löwen offenbart sich die

Gottheit – auch in der Furcht des Hasen, in der Listigkeit des Fuchses, im brünstigen Gesang eines verliebten Märzkaters. Oftmals begegnet man der Meinung, Tiere hätten keine Seele, und dies sei wohl der entscheidendste Unterschied zum Menschen. Das »einfache Volk«, das vielleicht nicht so differenziert, dafür aber bisweilen tiefer empfindet als der hochgelahrte Teil der Menschheit, scheint da anderer Ansicht zu sein. In »Psychologie und Alchemie« berichtet C. G. Jung von einem Gespräch zwischen seiner Mutter und der Köchin der Familie: »Aber nur Menschen haben eine unsterbliche Seele«, sagte die Mutter. »Nein, das ist nicht richtig«, erwiderte die Köchin, »die Tiere haben auch Seelen, und alle haben ihren besonderen Himmel, die Hunde, die Katzen und Pferde.« In dieser schlichten Köchin schließt sich der Kreis allen Daseins wieder zu einem Ganzen. Nichts fällt aus der kosmischen Ordnung, kein Hund, keine Katze – und kein Sperling vom Dach. Hier wird zusammengefügt, was mißverstandene Geistigkeit zertrennt hat; die Kluft zwischen Mensch und Tier schließt sich, und das große Muster allen Lebens wird sichtbar.

Bis hierher kreisten unsere Überlegungen um »Konsequenz Nummer eins«: den Umgang des Menschen mit den Tieren »da draußen«, als Nachbarn, als Gegenüber, für alle sichtbar, greifbar, hörbar. Nun gibt es aber auch noch das »Tier in uns selber«, jene »wilde Tierhaftigkeit der Natur innerhalb des Menschen«, von der C. G. Jung spricht[14] – die »Konsequenz Nummer zwei«.

Kehren wir ins Märchenschloß zurück und versuchen wir, die Szene zwischen Jüngling und Löwen einmal aus diesem Blickwinkel zu interpretieren.

»Subjektstufig gesehen«, wie das der Tiefenpsychologe nennt, könnte man die beiden Tiere auffassen als die animalischen Kräfte in der Seele des jungen Mannes. Diese Kräfte wollen ernst genommen werden. Sie »sperren den Rachen auf« – eine Geste, die Drohung bedeuten kann oder die Aufforderung, Hunger zu stillen. Erst wenn die Auseinandersetzung mit der »wilden Tierhaftigkeit« im Menschen zu einem befriedigenden Abschluß gekommen ist – wenn sie Nahrung, »Brot« bekommen hat –, wird sie »still«, wie das Märchen sagt. Erst dann geben die Löwen den Weg frei ins Innere der Seelenburg, wo das Wasser des Lebens zu finden ist. Würde der Jüngling nicht auf diese animalischen Kräfte in sich hören, würde er sie hochmütig als tierische Triebhaftigkeit abtun, dann würde der aufgesperrte Rachen zur Drohung werden. Die Tiere würden ihn anfallen, würden ihn innerlich verwunden, »aus dem Gleichgewicht bringen«, wie man zu sagen pflegt. Dieses Gleichgewicht ist aber der Garant für die psychisch-physische Gesundheit des Menschen. Wird es gestört, dann ist allen Krankheiten des Leibes und der Seele Tür und Tor geöffnet. Das kann sich äußern in Herzbeschwerden, Depressionen, allgemeiner Lustlosigkeit, seelischem Stumpf-Werden, Lebensüberdruß – die Liste ist zu lang, als daß man sie hier wiedergeben könnte.

Diese Gesetzmäßigkeiten, diese Spielregeln für den rechten Umgang mit unserem Tier gelten für jeden Menschen, nicht nur für unseren Märchenhelden. Wenn wir an Leib und Seele gesund bleiben wollen, können wir uns also keinen größeren Dienst tun, als uns in aller Demut und Bescheidenheit so zu akzeptieren, wie wir sind, und mit dem »nackten Affen in uns« Frieden zu schließen. Viele Menschen

– gerade gute Christen, die danach streben, höhere und bessere Menschen zu werden – haben ihre Tierhaftigkeit aber verschämt in das dunkelste Seelenwinkelchen verbannt, wo es ohne Nahrung, ohne Zuwendung vor sich hin kümmert oder im Lauf der Zeit bösartig wird, ein ungesättigtes Raubtier, das auf »seine« Stunde lauert – die für den Menschen dann eine schlimme und bittere werden kann.

Wir haben uns angewöhnt, die Vokabel »tierisch« immer im negativen Sinn zu gebrauchen und auf den Menschen bezogen als sündhaft und unmoralisch zu empfinden; die »Überwindung der Triebe« aber, die immer »böse« und »nieder« sind, als überaus gottgefällig und wünschenswert zu betrachten. Warum nur? Viele von uns haben ein wenig zu ausschließlich »in Geist und Seele gemacht« und können mit der armen animalischen Verwandtschaft im Hinterhaus nichts Rechtes mehr anfangen. Diese Verwandtschaft hat aber ein zähes Leben; sie bohrt an unserem Seelenüberbau so lange herum, bis ein Loch im Abwehrsystem entsteht und die ungefütterten Löwen ganz plötzlich aus ihm herausbrechen. Man spricht dann ein wenig schöngefärbt von einer »Kurzschlußhandlung«. Hätte man es rechtzeitig gelernt, mit seinen Instinkten und Gefühlen vernünftig umzugehen, mit ihnen gewissermaßen einen Beistands- und Nichtangriffspakt abzuschließen, würde man unter Umständen nicht unvermittelt vor dem Scherbenhaufen seiner schönen Geistigkeit stehen. Hätte der berühmte Dr. Jekyll aus der Feder Oscar Wildes nicht bei Tag ein so über die Maßen edler Saubermann sein wollen, dann wäre sein Mr. Hyde zur Nachtzeit nicht zu einem solch abscheulichen Unhold geworden.

Man sieht: Es hat seine Vorteile, nicht auf Kosten unserer Tiernatur zum Musterexemplar edler

Menschlichkeit werden zu wollen. Auch menschliche Weiterentwicklung muß stufenweise vor sich gehen, muß ausreifen dürfen, kann nicht vor der Zeit einfach ertrotzt werden – es sei denn, man ist bereit, mit leiblicher oder seelischer Krankheit dafür zu bezahlen. Unser Prinz, lebte er unter uns und nicht im Wunderland, müßte noch manches Mal die Auseinandersetzung mit seinen Löwen suchen, bis sie so »gesänftigt« wären, wie es das Märchen erzählt. Im Reich der Mythen und Sagen hat eine Stunde, ein Tag eben das Gewicht eines ganzen Menschenlebens.

Schließen wir also ein Bündnis mit unserem Tier, machen wir es zum Freund, damit es nicht unser Feind zu sein braucht. Unser intellektuell eingeschnürtes, geistig erstarrtes Dasein kann dadurch eine ungemeine Befreiung und Ausweitung erfahren. Wer nur noch aus dem Kopf lebt, ist nur ein halber Mensch. Wer in geistige Höhen abheben will, riskiert eine schmerzhafte Bauchlandung. »Wenn man hinter dem Geist herläuft, erwischt man die Dummheit«, sagt Montesquieu. In dieser Gefahr ist gar mancher Zeitgenosse heutzutage, der enormes Wissen im Kopf hat und doch nichts weiß, weil sein Gefühl, das das ganze Wissen prüfen und verarbeiten müßte, wegen permanenter Vernachlässigung nicht mehr funktioniert.

Hermann Hesse erzählt in seinem Roman »Siddhartha«, wie der Held der Geschichte das Wesen des Tieres erkennt und annimmt: »Siddhartha nahm den Reiher in seine Seele auf, flog über Wald und Gebirg, war Reiher, fraß Fische, hungerte Reiherhunger, sprach Reihergekrächz, starb Reihertod ... Wege vom Ich hinweg.« Dieses Aufgehen im großen Strom des Lebens mag für westliches Empfinden vielleicht zu indisch, zu radikal sein; dennoch wird ein Mensch, der durch solche Erfahrungen gegangen ist, nie mehr in Gefahr sein, sich über irgendein anderes Geschöpf dieser Erde zu erheben.

Könnten wir das Jesuswort »Noch vieles hätte ich euch zu sagen, aber ihr könnt es jetzt nicht ertragen« nicht einmal so auslegen, daß wir heute, zweitausend Jahre nachdem es gesprochen wurde, nicht nur das Recht, sondern sogar die Pflicht haben, manche Positionen neu zu überdenken? Indem es uns beispielsweise nicht mehr nur um jeden Preis auf die Besiegung der »minderwertigen« Natur in uns (und dann konsequenterweise auch der äußeren Natur) zugunsten des Geistes ankommt, sondern um die Befriedung beider Bereiche geht, um ein neues Bewußtsein, das wir vielleicht erst heute unter dem Zeichen des heraufdämmernden Wassermannzeitalters leben können. Lassen Sie mich einmal ein mythologisches Bild verwenden: Wäre es wirklich so undenkbar, daß Sankt Michael endlich den Spieß aus dem Maul der gequälten Kreatur nimmt und dieser statt dessen einen Trunk Wasser, einen Bissen Brot anbietet – als Gabe der Versöhnung und eines neuen Anfangs?

Freilich bleibt das Tier immer Tier, und der Mensch wird immer Mensch bleiben. Wir leben in keiner Walt-Disney-Welt mit sprechenden Mickymäusen und Donald Ducks (obwohl hier hinter einer verkitschten Oberfläche doch eine echte Sehnsucht nach einer Versöhnung zwischen beiden Daseinsformen vorhanden sein mag). Es gibt einfach eine natürliche Zuneigung zwischen Mensch und Tier, die man weder übersteigern sollte – was geschieht, wenn der heißgeliebte Mops im handgestrickten Winterfutteral herumläuft – noch unterschreiten darf, indem man das Tier zum bloßen Pelzlieferanten oder Versuchsobjekt herabwürdigt.

»Plötzlich sah er das Wild neben sich unter einem Busch liegen; Blut stürzte aus seinem Mund, und seine großen, dunklen Augen waren von Schmerz und Schrecken überwältigt. Als er näher kam, erblickte er in jenen Augen all den Schmerz unzähliger Tiere, die in der Vergangenheit von Menschen verwundet worden waren, die dalagen, sich in Fallen krümmten oder zerschmetterte Glieder hatten. Er betete darum, daß dies das letzte Mal wäre, daß er töten müsse und daß er statt dessen dabei helfen wolle, die Tiere zu schützen.«[15] Dies ist die Vision eines indianischen Jungen, der von seiner Großmutter in die alten Traditionen seines Volkes eingeweiht wird. Vielleicht könnte die Art, wie dieser Junge denkt und fühlt, für uns eine Anregung sein, wie wir in Zukunft mit dem Tier – in uns und draußen in der Natur – umgehen könnten?

Unser Märchenheld hat diesen Schritt gewagt. Er ist eine »Naturbegabung«: Er braucht sich nicht erst lange zu überlegen, was er zu tun im Begriff ist; er tut es einfach aus einem inneren Gefühl heraus, das ihn in die richtige Richtung weist.

Das Märchen macht es ganz deutlich: Erst muß man sich mit der »tierischen Wachmannschaft« gut stellen, muß ihren Hunger stillen und sie besänftigen. Erst dann kann der nächste Lebensabschnitt in Angriff genommen werden, kann unser Held weiter in jene geheimnisvollen Räume vordringen, die das kostbare Gut bergen: den Quell, aus dem immerfort das lebendige Wasser fließt. »Wenn mein Herz zur Ruhe gekommen ist, wenn meine Gedanken schweigen, wenn ich meinen Stolz vergessen haben, wenn ich von Liebe für alle deine Geschöpfe erfüllt bin, dann führe mich, o großer Vater!« heißt es in einem indianischen Gebet[16].

Die Jungfrau, die endlich erlöst wird

Und weiter kam er in ein Zimmer, darin stand eine schöne Jungfrau, die freute sich, als sie ihn sah, küßte ihn und sagte, er hätte sie erlöst und sollte ihr ganzes Reich haben, und wenn er in einem Jahr wieder käme, so sollte ihre Hochzeit gefeiert werden. Dann sagte sie ihm auch, wo der Brunnen wäre mit dem Lebenswasser, er müßte sich aber eilen und daraus schöpfen, ehe es zwölf schlüge.

Es ist an der Zeit, daß wir uns der letzten Hauptperson unseres Märchens zuwenden: der Jungfrau vom verwunschenen Schloß. Man spürt fast ein Erschrecken, wenn sie so unvermittelt aus der Namenlosigkeit ihrer verborgenen Existenz heraustritt und ihren Retter begrüßt; und diesem mag es wohl ähnlich ergangen sein. Nirgendwo in der ganzen bisherigen Geschichte wird ihr Erscheinen angekündigt. Auch der weise Zwerg hat kein Wörtlein darüber verloren, daß die alte Burg neben der wunderbaren Quelle noch einen anderen Schatz birgt, eine schöne junge Frau, die auf ihre Erlösung wartet.

Viele Fragen gehen einem durch den Kopf, wenn man die wenigen Zeilen liest, die von ihr berichten: Wie und warum ist sie in diese Burg gelangt? Ist das nun die Prüfungszeit einer Bevorzugten oder die

Bestrafung einer Benachteiligten? Wie mag ihr Leben gewesen sein, als es sich noch »draußen« abspielte? Was für eine Kindheit hatte sie wohl? Warum ist die Hochzeit mit ihrem Befreier erst übers Jahr? Und was endlich hat es mit der goldenen Straße auf sich? Fragen über Fragen. Vielleicht finden wir eine Antwort darauf, wenn wir uns mit dem Lebensweg der einsamen Burgherrin einmal gründlicher befassen. Vielleicht begreifen wir dann auch, warum sie, der die kostbare Lebensquelle anvertraut ist, dennoch so sehr der Erlösung bedarf.

In einem fernen Reich also, das wir auf der Landkarte nicht finden werden, stand eine geheimnisumwitterte, altersgraue Burg. Sie war »verwunschen«; die Leute wußten, daß sie dort hinter dem dunklen, wild verwachsenen Wald stehe, aber man sprach nicht gern von ihr, und niemand ging gern in ihre Nähe.

Es war ein uraltes, bröckelndes Gemäuer, einem Mausoleum ähnlicher als einem Wohngebäude. Dennoch lebte in ihr eine schöne junge Frau – wir ahnen es schon: es ist »unsere« Jungfrau. Ganz allein hauste sie hinter den unwirtlichen Mauern, ohne jegliche Gesellschaft, die ihr die Einsamkeit des Ortes ein wenig versüßt hätte.

Manchmal, wenn sie es in der dumpfen Luft der sommers wie winters gleich unfreundlichen Räume nicht mehr aushielt, stieg sie auf den höchsten Turm, den mächtigen Bergfried, hinauf, von dem man über Mauer und Tannenwipfel hinweg ins Land hinausschauen konnte. Dies war ihre einzige Verbindung zum Leben und Treiben der Welt. Sehnsüchtig blickte sie in die Runde, wo Äcker, Wiesen, Gehöfte, Obstgärten und kleine Gehölze ein buntes Muster bildeten, gesäumt von den hellen Bändern der Wege, durchflochten vom glitzernden Silberstreifen eines kleinen Flüßchens. Der ganze Kreislauf des Jahres zog von ihrem luftigen Freisitz aus wie ein fernes Schauspiel an ihr vorüber: zur Sommerszeit das Hü und Hott der Bauern, wenn die hochbeladenen Heu- und Getreidefuhrwerke heimschwankten; Herbsttage voller Himmelsblau und Blättergold, wo überall die Rauchfahnen der Kartoffelfeuer aufstiegen und in den Wäldern die Sägen sangen; ein wenig später die feuchte Dämmerung der Nebeltage und endlich der Winter, der alles mit Schnee und Schweigen bedeckte, als hätte er dem ganzen Land eine ungeheure weiße Nachtmütze aufgesetzt. Irgendwann war es dann auch wieder Frühling, die Vögel sangen, die Bäume wurden grün. Das große Weltenrad des Blühens, Reifens und Vergehens schickte sich zu einer neuen Runde an; für die einsame Burgherrin aber begann wieder ein Zyklus des Wartens, Sehnens und Hoffens.

Wieviel Zeit so schon vergangen war, sie hätte es nicht zu sagen gewußt. Sie wartete, horchte auf ihren Herzschlag, überlegte in die verfließende Zeit hinein, verlor das Gefühl dafür, ob es Tage oder Wochen waren, die da kamen und vergingen, empfand nicht mehr Geduld und nicht mehr Ungeduld – hielt einen von vielen Träumen und inneren Monologen durchzogenen Herzenswinterschlaf. Und immer blieb sie allein, eingeschlossen in dem Geviert der grauen, eiseskühlen Steinmauer, die die Gebäude der Burg so fest umkrallte, als wäre sie die Hand des Schicksals selber. Nie verflog sich ein Vogel in ihre Abgeschiedenheit, nie wurden die vor sich hindämmernden Räume durch einen Laut, der Leben verhieß, geweckt.

Die einzige unaufhörliche Melodie in dieser Stille

rührte von der geheimnisvollen Quelle her, die im Hof unten vor sich hin murmelte. Hier war der Ort, wo sie Ruhe und Frieden fand, wo ihre verkrampfte Seele von Not und Angst gesundete. Viele Stunden saß sie am Rand des Beckens, schloß die Augen, überließ sich den vielstimmigen, beruhigenden Kantilenen des Wassers, das aus den Tiefen der Erde heraufstieg und in immer neuen Variationen das Lied des Lebens sang. Zuweilen schöpfte sie einen kühlen, auf wundersame Weise Hunger und Durst zugleich stillenden Trunk. Wenn dann das belebende Naß ihre Kehle hinunterrann, hatte sie auf einmal wieder Mut zum Weiterleben; eine fast freudige Gewißheit durchbebte ihr Herz, daß die Zeit ihres Eingesperrtseins einmal zu Ende sein und daß dann erst die eigentliche, sinnvolle Zeit ihres Lebens beginnen würde.

Geheimnisvoll ist sie, diese Jungfrau, mit den hausbackenen Mitteln des »gesunden Menschenverstandes« allein nicht zu begreifen. Ihre Existenz ist ein Paradoxon: Sie lebt von allen Menschen abgeschnitten ein kümmerliches Einsiedlerdasein – das hört sich an wie ein Fluch. Aber sie ist auch die Hüterin der heiligen Quelle – und das klingt wieder nach einer großen Bevorzugung. Da ist man einigermaßen verwirrt.

Wenn wir die Bilder der Märchensprache durch Begriffe des »realen« Lebens ersetzen, können wir den Schleier vielleicht ein wenig heben. Dann wäre die Gestalt der eingesperrten Jungfrau ein Gleichnis für Menschen, wie wir sie alle kennen. Es sind durch mancherlei – verschuldete oder unverschuldete – Lebensumstände schwierig gewordene, »verschlossene« Menschen, die sich abkapseln, einen Schutzwall aus Vorsicht und Mißtrauen um sich ziehen, so uneinnehmbar wie die Mauern unserer Märchenburg. Sie wirken in der Tat wie »eingemauert«, lassen nichts und niemand an sich heran. Ihre Angst, durch irgend etwas, irgend jemand verletzt zu werden, hindert sie daran, überhaupt noch zu leben. Sie existieren dahin, kaschieren die kranke Seele hinter bissiger Kratzbürstigkeit oder versinken in Abgründen von schwarzer Melancholie. Sie haben Sehnsucht nach dem Leben, möchten so gern daran teilhaben – aber da steht diese Mauer aus Abwehr und Berührungsängsten dazwischen, so hoch geworden, so breit, daß es nicht mehr in ihre eigene Entscheidungsfreiheit gelegt ist, sie zu durchbrechen. Sie brauchen Hilfe, einen »Erlöser«, damit sie ihre seelische Isolation überwinden können. Und es kann lange dauern, viel Geduld erfordern, bis sich das verwunschene Tor zum Leben auftut. Das ist die Seite der Geschichte, die wie ein Fluch aussieht.

Aber die Jungfrau ist ja auch Hüterin der kostbaren Quelle, die das Wasser des Lebens führt. Was kann das Märchen damit meinen? Hinter all den Schutzwällen und Abwehrmechanismen, hinter aller Bärbeißigkeit oder Melancholie ist in den Tiefen solcher Menschen oftmals ein großer Schatz verborgen, eine Quelle von Begabungen: schöpferische Phantasie, tiefe Empfindungsfähigkeit, Ausdruckskraft, Gefühlsstärke – Eigenschaften, die die scheinbar Glücklichen, Leichtlebigen auf der Sonnenseite des Daseins oft nicht besitzen. Da wartet genug positive Energie, mit der ein erfülltes, sinnvolles und reiches Leben möglich wäre – vorausgesetzt, es gelingt, das Tor zu öffnen, das den Zugang zum Leben in der Welt blockiert. Macht soviel innerer Reichtum, »Wasser des Lebens«, solche Menschen nicht eigentlich zu Vorzugskindern des Schicksals, auch wenn sie schlimmere Stunden, tiefere Ängste und Nöte durchschreiten müssen als andere, die es leichter und müheloser schaffen, ihr Leben zu meistern, aber dafür auch nie jene wunderbaren Lieder aus der Tiefe des Seins hören werden, die das lebendige Wasser in der Menschenseele singen kann?

Bis jetzt hatte mein Erklärungsversuch allgemein menschlichen Chrarakter; du und ich und jedermann kann sich davon betroffen fühlen. Aber in der Gestalt der Jungfrau kommt auch erstmals das weibliche Element in die Handlung unseres Märchens. Und diesen Aspekt will ich nun im weiteren Verlauf unserer Überlegungen in den Mittelpunkt stellen.

Daß gerade Frauen zu allen Zeiten »eingesperrt« leben mußten, ist eine bedauerliche Tatsache. Wie viele Mauern aus Vorurteilen und Unverständnis wurden im Lauf der Jahrtausende doch immer wieder um weibliches Dasein gebaut! Eine unendlich lange und trostlose Litanei unvorteilhafter und bösartiger Klischees könnte man herunterbeten, die patriarchalisches Denken dazu ersonnen hat, die Frau zu fesseln, einzuengen, sie in einen Kerker »moralischer« Konventionen einzumauern, sie zur Sache zu degradieren und letztlich ihrer Würde zu berauben. Viele Frauenschicksale mögen dem unserer Märchenjungfrau geglichen haben: hinter den Mauern harten Männerdenkens eingesperrt, mit einem reichen Naturell begabt, das lebendiges Wasser hätte sein können und ihnen ungenutzt zwischen den Fingern verrann; ein Leben lang auf Erlösung aus ihrer vom Mann dekretierten Beschränkung hoffend und – hier liegt der traurige Unterschied zum Märchen – meist vergeblich hoffend, denn die Tore blieben zu. Was Wunder, daß so viele dieser Frauen in jungen Jahren starben; es war nicht nur das Kindbettfieber, das sie hinwegraffte, es war wohl öfter als einmal »Seelenschwindsucht«, der sie zum Opfer fielen.

Lassen Sie uns sehen, wie die Geschichte weitergeht. Kehren wir also zurück in die alte Burg zu ihrer – uns nun schon ein wenig vertrauter erscheinenden – Bewohnerin. In der ersten Zeit ihrer Zurückgezogenheit hätte sie ihre Lebenssehnsucht manchmal hinausschreien mögen. Zeit, hätte sie schreien mögen, warum vergehst du nicht schneller? Warum reihst du so unerbittlich gleichmäßig Sekunde an Sekunde, wie Kugeln auf eine nie endende Schnur? Bitte laß es wieder hell werden, laß es Morgen werden, laß ein Jahr vergehen – und mach schnell, beeile dich, damit die Tore dieses Verlieses wieder aufgehen. Ich bin jung, ich will wieder leben!

Als sie begreifen gelernt hatte, daß Ungeduld nur alles unerträglicher machte, daß sie mit allem Aufbegehren ihren augenblicklichen Zustand nicht ändern konnte, war sie ruhiger, besonnener geworden, hatte sich in das Unvermeidliche geschickt und begonnen, ihr bisheriges Leben zu überdenken; denn in ihm mußte doch die Erklärung für dies alles liegen.

Vielleicht, überlegte sie, war diese Periode der Abgeschiedenheit doch keine verschwendete Zeit, wie es ihr anfangs erschienen war. Zum erstenmal in ihrem ganzen bisherigen Dasein bot sich ihr hier die Möglichkeit, einmal ganz ungestört über all die Lebensumstände nachzudenken, die ihre Seele so beschwert hatten; endlich konnte sie einmal innerlich zur Besinnung kommen, wurde nicht mehr abgelenkt durch wohlmeinende oder bösartige Vorhaltungen einer verständnislosen Umgebung, die sie nur immer mehr verunsichert hatten. Immer wieder war es die gleiche Frage, die sie sich stellte: Wo war der Anfang dieses unglückseligen Knäuels von Ereignissen, das sie schließlich hierher in diese Einsamkeit verschlagen hatte? War das alles ihre Schuld gewesen? Schritt für Schritt ging sie die Stationen ihres Lebenswegs zurück bis in die Anfänge ihres Erinnerungsvermögens, das sie in die Kinderstube eines königlichen Palastes führte.

Rückschauend wollte es ihr freilich scheinen, als sei sie überhaupt nie Kind gewesen. Kaum, daß sie die ersten zaghaften Gehversuche unternommen hatte, war sie in eine strenge Zucht genommen worden. Nie, solange sie zurückdenken konnte, war sie einmal so richtig wild und ausgelassen gewesen, nie einmal nach Herzenslust herumgetollt. Nie hatte sie einen Strumpf zerrissen; nie war aus ihrem eingeschnürten Zwerchfell ein befreiendes Kinderlachen gestiegen. Sie war ja nicht Kind, sie war Prinzessin und darüber hinaus – Gott sei's geklagt – ein Mädchen.

Ohne Aufbegehren hatte sie sich zunächst in alle Zwänge geschickt, die ihr Herkunft und Geschlecht auferlegten. Keine Klage, keine Träne war aus den abgesperrten Innenräumen ihrer Seele heraufgestiegen, nur eine unbewußte Traurigkeit, die sie nie verließ. Wenn sie sang, war es kein Abzählvers, sondern eine artig verschnörkelte Kanzone, wie sie bei Hof im Schwange war. Ihre Hofknickse waren einwandfrei, ihr Gang gleichmäßig und abgezirkelt, die Sprechweise leise und gehalten, die Augen sittsam zu Boden gesenkt. Selten nahm sie den Sonnenschein wahr, selten hörte sie das Zwitschern der Vögel. Sie war in den goldenen Käfig ihres Palastdaseins eingesperrt, und da sie nichts anderes kannte, klagte sie auch nicht. Immer war sie still – vielleicht zu still –, brav, gehorsam, angepaßt, eine willige und gelehrige

Schülerin, die ohne Murren ihre Lektionen lernte: Anstand und feine Sitte, Demut und Bescheidenheit und vor allem respektvolles Einhalten jener unsichtbaren, aber unerbittlichen Grenze, die Frauenleben vom Dasein der Männer ein für allemal schied.

Während sie still und behutsam die Nadel durch eine Stickerei führte, lauschte sie den Ermahnungen der Erzieherin, doch ja nie zu vergessen, daß es im Leben immer auf die Männer ankomme und die Frauen wohlberaten seien, wenn sie sich im Hintergrund hielten. Stilles Beiseitetreten, selbstverständliche Unterordnung unter männliches Machtwort und keusche Geschlechtslosigkeit waren die Tugenden, die man von einer wohlerzogenen Frau erwarten durfte. Alles kam darauf an, den Männern angenehm zu sein und ihnen zur rechten Zeit genug Kinder zu gebären. Im übrigen war sie unwichtig – vielleicht nicht einmal so viel wert wie ein gutes Schlachtroß.

Diese deprimierende Lebensphilosophie nahm sie mit jedem Bissen Brot, jedem Schluck Wasser in sich auf. Die unfrohe Botschaft, nur ein Mädchen und somit ein Mensch zweiter Klasse zu sein, zog sich wie ein roter Faden durch alle Tage der Kindheit. Sie erlebte ihre Weiblichkeit nicht als freundliches Geschenk einer gütigen Natur, sondern wie einen angeborenen Makel, den man mit allem guten Willen nicht tilgen konnte.

Damals mußte sie wohl schon damit begonnen haben, einen unsichtbaren Wall aus Vorsicht und Schweigsamkeit um sich zu ziehen, damit ihr kleines Kinderherz, das sich so sehr nach Zärtlichkeit sehnte und nichts als trockene Ermahnungen bekam, nicht noch mehr gekränkt und bekümmert würde. Sie war folgsam wie immer, tat aber alles wie eine aufgezogene Marionette, ohne innere Anteilnahme.

So vergingen die Jahre ihrer Kindheit, äußerlich glänzend und wohlgeordnet, innerlich trostlos und sterbenstraurig. Als sie fünfzehn Jahre alt geworden und somit nach herrschender Sitte den Kinderschuhen entwachsen war, wußte sie, daß nun eine neue Gefahr auf sie zukommen würde. Nicht lange mehr, und man würde sie mit irgendeinem Fürstensproß eines anderen Herrscherhauses, den sie noch nie gesehen hatte und dem sie völlig gleichgültig war, verheiraten. Manche Stunde, wenn der freundliche Mond zu ihr ins Zimmer schien, lag sie jetzt wach, blickte in den Himmel hinauf, sehnte sich wie noch nie in ihrem Leben nach einem Herzen, das das ihre verstünde, nach einem zärtlichen Wort, einer behutsamen Geste der Liebe, nach einem Arm, der Schutz und Geborgenheit verhieß. Zugleich aber wuchs die ernüchternde und bestürzende Gewißheit in ihr, daß kein Mensch hier bei Hofe, nicht einmal die eigene Mutter, auf ihre Sehnsüchte die geringste Rücksicht nehmen würde. Nein, ihre Ehe würde nicht im Himmel geschlossen werden, sondern im Arbeitskabinett des ersten Ministers seiner Majestät. Und Gefühle würden dabei ganz gewiß keine Rolle spielen, sondern Gebietsansprüche, politische Schachzüge, dynastische Überlegungen.

Man muß nicht Prinzessin sein, um die innere Not des Mädchens nachfühlen zu können. Glücklich der Mensch, der von sich sagen kann, er habe eine frohe und erfüllte Kindheit gehabt. Die Regel ist, daß Kinder durch eine Vielzahl von Geboten und Verboten in ihrer natürlichen Entwicklung gebremst und behindert werden. Da gab (und gibt!) es Unterschiede der sozialen Herkunft, Standesrücksichten, den Katechismus, die Schule – und überall wird das Wort »du mußt« sehr groß und die Vokabel »du darfst« sehr klein geschrieben. Brave Anpassung ist auch heute noch vielfach wichtiger als kindliche Spontaneität, altkluges Verhalten schon immer wohlgelitten, weil bequem. Manches hat sie gebessert, aber schon haben sich neue Erziehungsideologien und Verhaltensmuster gebildet, die Kinder wieder nicht Kinder sein lassen. Man höre sich nur an, wenn ein Dreikäsehoch statt von Rotkäppchen und dem Wolf von der sozialen Frage und den Problemen der Dritten Welt spricht!

Aber unsere Prinzessin war ja nicht nur Kind, sie war darüber hinaus ein Mädchen. Das ist heute zumeist keine solche Katastrophe mehr wie anno dazumal, aber immer noch ist bezeichnenderweise in vielen gutbürgerlichen Familien der Wunsch nach dem »Stammhalter« üblich. Immer noch hat ein Mädchen sich »anders« zu benehmen als ein Junge: Mädchen sind nicht wild, sie schreien nicht herum, sie spielen mit Puppen und Puppenküche (als Vorbereitung auf die spätere Rolle als Hausfrau und Mutter); gibt es Streit mit dem Bruder, dann »geben sie nach«, weil sie die »Gescheiteren« sind. Sie werden so lange mit passiven Tugenden gefüttert, bis sie dieses Verhalten für selbstverständlich und natürlich halten.

»Die Mädchen tragen Kleider von Einschränkungen und Widerstandslosigkeit, die Frauen ziehen sich in Tränen auf die Lagerstätten des Gehorsams und der Pflichterfüllung zurück.«[17] Diese Worte Kahlil Gibrans sind eine treffliche Beschreibung, wie durch die Jahrhunderte der Geschichte Frauenlos zumeist aussah. Sie hatten Geltung in den Palästen der Reichen, in guten Bürgerstuben und dort, wo die Armut haust. Und sie haben es noch: Denken wir an das Machotum südlicher Länder oder an die beklemmende Situation der Frau in islamischen Gebieten.

Sie gelten an jedem Ort der Erde, wo Männerdünkel und Frauenunterwürfigkeit eine unselige Verbindung eingehen, wo es in den Beziehungen zwischen Mann und Frau nicht um Freundschaft und Gleichklang der Interessen, sondern um Herrschen und Beherrschtwerden geht. Und täuschen wir uns nicht: Auch in unserer westlichen Welt steht es nicht zum Besten, wenn sich auch manche Verkrustung zu lösen beginnt. Unter dem schön gefärbten Mantel der Aufgeschlossenheit für eine Gleichstellung der Frau versteckt sich immer noch der alte Adam. Alle Verhaltensregeln im täglichen Leben, in Kirche und Staat sind vom selbstverständlichen Überlegenheitsgefühl des Mannes geprägt. Was »Anstand«, »sittlich« und »ethisch wertvoll« ist, wird immer noch durch die männliche Wertbrille gesehen. Schon der Besuch eines Restaurants, um ein ganz vordergründiges Beispiel zu wählen, kann für eine alleinstehende Frau zum Spießrutenlauf werden. Nicht einmal die Frauen selber glauben so recht an ihre Gleichwertigkeit und verbergen ihre Zweifel oft hinter einem betont »männlichen« Gehabe.

Arme kleine Prinzessin, wohin wird dich die Angst vor dem Leben, die Angst vor dem Mann, der in deinen Augen ein tyrannisches Ungeheuer ist, führen? Als erstes führt sie dich in die Isolation, in die innere und äußere Vereinsamung, in die »verwunschene Burg«. Nun bist zu zwar sicher vor einer unfrohen Mußehe, aber du bist zugleich ausgeschlossen von aller menschlichen Gesellschaft. Nur die »schlafenden Prinzen« (die nicht aufwachen dürfen, weil sie Männer sind) und die zwei Löwen (deine »tierischen« Aggressionen, die du noch nicht leben kannst) bleiben bei dir. Erst wenn sie »erlöst« und »gesänftigt« sind, kannst du selber aus deiner Einsamkeit befreit werden.

Was der eigentliche Grund für ihre Verbannung war, erfahren wir vom Märchen nicht. Vielleicht ist es die grausame Rache des königlichen Vaters, weil sich die Tochter in ihrer Not in die Krankheit flüchtet und so unbrauchbar für seine Pläne geworden ist?

Aber vielleicht ist das, was Zorn und Unvernunft als Strafe ersonnen haben, für sie in Wahrheit die große Chance, endlich zu sich selber zu finden. Wie oft hat sie sich danach gesehnt, endlich frei zu sein von all den ermüdenden, oberflächlichen Pflichten des Alltags, die sie immer weiter von sich selbst entfernten, so daß es ihr oft schien, als sei die Prinzessin im steifen Hofkleid bei Tage und das kleine Mädchen, das nachts in seine Kissen schluchzte, gar nicht mehr die gleiche Person. Jetzt ist sie endlich ungestört, jetzt hat sie Zeit. Jetzt endlich darf sich der Herzensknoten lösen, darf sie auch bei Tag weinen, wenn ihr danach zumute ist, ohne daß ein mahnender Zeigefinger erhoben, ein verständnisloses Haupt geschüttelt wird.

Sie denkt an ihre Schwestern, die »da draußen« weiterleben dürfen in ihrem Flittergoldkäfig, die schon verheiratet sind oder es bald sein werden, die ihr Liebesbedürfnis über irgendeine heimliche Affäre werden stillen müssen: Sind sie wirklich glücklicher zu nennen als sie hier in ihrem – zugegeben düsteren und unfreundlichen – Refugium? Nein, sie möchte wahrhaftig nicht mit ihnen tauschen, auch wenn ihnen die Beklommenheit einsamer, finsterer Nächte, die dumpfe Kerkerluft eines alten Burggemäuers und die Tränen der Sehnsucht nach Erlösung und Leben erspart bleiben. Lieber einsam sein in Kummer und Not, aber mit der Hoffnung auf ein besseres Morgen, denkt sie, als einsam sein in Überfluß und Langeweile bis zum Tod.

Nein, sie hat keinen Grund, auf die Schwestern neidisch zu sein, zumal diese aus einem anderen Holz geschnitzt sind als sie, die Schwierige, die Empfindliche. Sie nehmen das Leben einfach so, wie es nun einmal ist, ohne Wenn und Aber. Sie haben es von jeher verstanden, sich geschickt und möglichst vorteilhaft mit den herrschenden Konventionen zu arrangieren und das höfische Verwirrspiel so zu spielen, daß dabei ein Vorteil für sie heraussprang. Sie sind die Praktischen und Lebensklugen, die mit den Wölfen heulen, wenn es nicht anders geht, die noch immer ein Schlupfloch fanden, wenn es einen aufgeblasenen Monsieur auszutricksen galt. Wie oft hat sie ihnen bei ihren intriganten Manövern zugesehen und sich nichts so sehnlich gewünscht, als auch ein Stück von dieser Lebensleichtigkeit zu haben, während sie in ähnlichen Situationen dann doch wieder hilflos und ehrlich herumstand, sich wie ein Tölpel vorkam und immer weiter in das Schneckenhaus ihrer Herzenseinsamkeit kroch, weil sie die lieblose Kälte der Etikette, die unverbindlichen Höflichkeitsfloskeln, die harten Männeraugen, die ihre verschreckte Mädchenhaftigkeit taxierten, nicht mehr aushielt. Eigenwillig schalt man sie deshalb und querköpfig, ja eingebildet, wo sie in Wirklichkeit nur am Ende ihrer Kräfte und ihres guten Willens war.

Wenn sie sich all die Dressurakte ins Gedächtnis ruft, die sie erlernen mußte, um die wohlerzogene Tochter des großen Vaters zu sein, kommt ihr jetzt erst, aus der zeitlichen und räumlichen Distanz heraus, das Demütigende ihrer damaligen Situation so recht zu Bewußtsein. Und mit der Zeit und je gründlicher sie alles überdenkt, beginnen sich Kräfte in ihrem Innern zu regen, die sie anfangs gar nicht zur Kenntnis zu nehmen wagt, sind sie doch weder damenhaft noch so vornehm zurückhaltend, wie man es ihr von Kindesbeinen an eingebleut hatte. Ganz tief in den Gründen ihrer Seele grollt und rumort es; da will etwas heraus, will sich etwas befreien – und zu ihrem eigenen Erstaunen merkt sie, wie unendlich erleichternd dieser Aufstand der Gefühle wirkt. Zum erstenmal in ihrem Leben stellt sie sich vor den Spiegel und empfindet so etwas wie Wohlwollen und Sympathie für das Gesicht, das ihr entgegenblickt. Zum erstenmal kommt ihr zu Bewußtsein, daß sie schön ist, daß ihr Leben Wert hat, daß sie nicht umsonst geboren wurde, auch wenn sie keine Männerhosen trägt. Wenn sie an all die Gelegenheiten denkt, wo sie früher ein ergebenes »Ja« gesprochen hat, schreit es nun in ihrem Inneren laut und gebieterisch »Nein!«. Oft ballt sie die Fäuste beim Gedanken an ihre tiefen und unterwürfigen Verneigungen vor irgendeinem Niemand in Goldtressen und Spitzenfichu, der außer einer illustren Ahnenreihe und der Tatsache, männlichen Geschlechts zu sein, keine Verdienste vorzuweisen hatte.

Wir merken schon: In der Seele unserer geduckten, verschüchterten Jungfrau beginnt es zu gären. Nur wenn sie es lernt, Aggressionen zur rechten Zeit zuzulassen, nur wenn sie ihre »Löwen« auch einmal brüllen läßt, ist der erste Schritt zur Erlösung getan.

Ihre Gedanken kehren zu den Schwestern zurück, begleiten diese im Geiste auf eines der großen Hoffeste, die ihr immer ein Greuel gewesen sind, ihnen aber eine Lust. Wie konnten sie es genießen, das Ritual delikater Galanterie, dazu erfunden, den Frauen als Ersatz für wirkliche Achtung eine Art herablassender Verehrung vorzugaukeln! Mit einem Lachen wußten sie sich darüber hinwegzusetzen, daß all die Kratzfüße und blumenreichen Komplimente nichts weiter waren als eine subtile Bevormundung im Gewand der Höflichkeit. Sie hatten trotzdem ihr Vergnügen daran, wollten die Wahrheit gar nicht so genau wissen, damit ihnen der Spaß nicht verdorben würde.

War es ein Mangel an höfischer Wendigkeit, eine Unfähigkeit zur Flexibilität? Sie selber hatte nie Vergnügen an derlei Theaterpossen gehabt. Irgendeine – vielleicht gute, aber nicht barmherzige – Fee hatte ihr das unbedingte Bedürfnis nach Wahrheit und Klarheit in die Wiege gelegt, nach echter Liebe und ehrlicher Zuwendung. Sie wollte kein Butterbrot, wo es um Menschenwürde ging. »Spielverderber« war sie deshalb oft genug von den aufgebrachten Schwestern gescholten worden; »hochmütig« hatte man sie geheißen oder auch »weltfremd« und »ohne Realitätsbezug«. Ach, sie litt doch selber darunter, so schwerblütig zu sein, wäre gern gewesen wie die Schwestern, wenn sie es nur gekonnt hätte!

Oft in dieser letzten Zeit bei Hofe war die Sehnsucht in ihr fast übermächtig geworden, endlich einmal jenseits von Talmi und Flitter freie, unverbrauchte Luft zu atmen. Aber wohin hätte sie sich wenden sollen? Wer von ihren Verwandten hätte einen Streit mit dem Vater riskiert – eines Mädchens wegen? Und dann: Wo wäre die Luft schon wirklich bekömmlicher gewesen? Hätten nicht neue Korsetts, neue Rollenangebote als schönes Aushängeschild oder als Aschenputtel auf sie gewartet? Wo auf dieser Welt heißt Frau-Sein nicht immer wieder Beschränkung, Einengung? Dulden, schweigen, Kinder gebären: Das ist das weibliche Heldentum, das man ihr zubilligen wird – in jedem Land, zu jeder Zeit.

Unsere einsame Jungfrau hat ihre Abgeschiedenheit gut genutzt. Sie hat damit begonnen, ein neues

Selbstverständnis zu entwickeln, eine Art »Bestandsaufnahme« ihres bisherigen Lebens zu machen. Wie könnte man diese, in unsere heutigen Sprachgepflogenheiten übersetzt, zusammenfassen? Aufgewachsen in einer Umgebung, wo alle typischen und stereotypen Vorurteile dem Weiblichen gegenüber zum festen Bestandteil des gesellschaftlichen Zusammenlebens gehören, hatte man sie im Lauf ihrer Kindheit mehr und mehr in eine Rolle gedrängt, die Ulrike Prokop einmal als »die bürgerliche Gedankenakrobatik, die Frau zugleich als Mensch und als Nicht-Mensch zu definieren« beschrieben hat. Unsere Prinzessin hat ein Leben in glänzender Trostlosigkeit zu erwarten: nach außen hin Mitglied einer hochachtbaren Familie, nach innen rechtloses Besitztum eines ungeliebten und unliebenden Mannes. Es würden einige Kindbetten folgen, in denen Kinder so lustlos und unter Angst und Schmerzen geboren werden würden, wie sie empfangen worden waren. In summa: ein Lebenslauf, wie er »normaler« gar nicht gedacht werden kann.

Aber sie ist bei aller Angepaßtheit von einem gewissen Punkt ab einfach nicht mehr fähig, dieses Spiel mitzuspielen. Sie kapselt sich ab, baut eine Mauer des Schweigens und Mißtrauens um sich auf, wird »sonderbar« und »krank« – so mag ihre wenig verständnisvolle Umgebung den Vorgang genannt haben – und fällt eines Tages aus dem normalen Rahmen so sehr heraus, wird gewissermaßen so funktionsuntüchtig, daß man sie aus dem öffentlichen Leben entfernt und sie irgendwo im Abseits versteckt, wo man vor peinlichen Auftritten sicher ist und wo sie sich – zu ihrem Glück – erst einmal sich selber überlassen bleibt. Wenn auch durch sehr schmerzliche und bittere äußere Verhältnisse, hat sie nun endlich die Ruhe, die sie braucht, um über alles, was sie an Leib und Seele so elend werden ließ, nachzudenken. Sie lernt, ihre Verlassenheitsängste und ihr Bedürfnis nach Zärtlichkeit und Liebe zu formulieren und – was genauso wichtig ist – zu akzeptieren. Und langsam, je mehr sie zu sich selber findet, sammeln sich die Kräfte des Widerstands in ihrer Seele, sie begehrt auf, sie befreit sich Stück um Stück aus den Fesseln ihres eigenen Unwertgefühls. Das vorher dumpf gefühlte Unbehagen an der ihr zugedachten Rolle als Statistin und Stichwortlieferantin für den großen Auftritt des Mannes wird ihr immer bewußter. Sie sehnt sich nach Erlösung aus diesem Mauerblümchendasein, aber nicht um jeden Preis. Sie will keinen Rücksturz in alte Verhaltensmuster riskieren. Helden mit langen Schwertern und Imponiergehabe werden da kaum die richtigen Leute sein. Der Partner ist gefragt, der liebevolle Freund, der zuverlässige Lebensgefährte. Unsere Jungfrau braucht auf ihren Erlöser nicht mehr lange zu warten. Ganz nah ist er schon, der Retter, der Held, der kein Held ist, der ohne Kraftaufwand durch das Schloßtor tritt und, nur mit einem sanftmütigen Herzen bewaffnet, sich die mächtigen Löwen zu Freunden macht.

Unversehens steht er vor ihr. Die Begegnung erfüllt beide mit einem tiefen, aber freudigen Erschrecken. Jeder von ihnen hat auf den anderen gewartet wie auf ein Bild, das gütige Träume uns manchmal zeigen und von dem wir doch nie genau wissen, ob wir es einmal in wachem Zustand finden werden. Für die junge Frau ist es der Augenblick, wo alles Warten, alle Einsamkeit, alle Verfemtheit, die Schmerzen und Ängste einer langwierigen seelischen Umwandlung Frucht tragen, wo sich die Bitterkeit des Wartens in den süßen Honig der Freude verwandelt. Nun endlich dürfen die »schlafenden Prinzen« auch erwachen; ihr Bild vom Mann hat sich entzerrt, ist nicht mehr angstgeladen, muß nicht mehr künstlich in Tiefschlaf gehalten werden, damit es ihr nicht gefährlich werden kann.

Da steht endlich ein Mensch vor ihr, frei von gesellschaftlichen Vorurteilen, selber wie sie eine randständige Existenz in der Welt der Spieße und Ellbogen, in jener gleichen Welt, die weibliche Werte nicht gelten läßt, die ja nicht auf physischer, sondern auf psychischer Kraft beruhen. Es ist die Welt, die nie an die Quelle lebendigen Wassers gelangt, denn dieses »Wasser des Lebens« ist eben der Frau anvertraut. Das ganze weibliche Dasein ist darauf hingeordnet, Leben hervorzubringen, zu nähren, zu erhalten, und zwar (das ist das große männliche Mißverständnis) nicht nur Leben dem Fleische nach, sondern gleichermaßen geistiges Leben, seelische Kraft, schöpferische Lebendigkeit – jene Werte, die das menschliche Dasein erst gestalten und sinnvoll machen.

Für unsere Märchenjungfrau wird nun alles darauf ankommen, wie sie ihr neues Selbstverständnis ins Leben umsetzen kann. Sie ist in der Zeit ihrer »inneren Emigration« eine kluge Jungfrau geworden. So entgeht sie als erstes der Gefahr, vor lauter Glück darüber, endlich einen Mann ihres Vertrauens gefunden zu haben, Hals über Kopf eine Verbindung mit diesem einzugehen. »Übereilte Eh' tut selten gut«, sagt Shakespeare. Manche schnell geschlossene Liebesehe scheitert ja daran, daß man das Idealbild des ersten Augenblicks heiratet und hinterher ernüchtert feststellen muß, daß es sich um einen »ganz gewöhnlichen« Menschen handelt, der außer feurigen Augen auch noch einen »alten hohlen Backenzahn« besitzt.

Ein Jahr Wartezeit legt sie sich und ihrem Befreier also auf. Noch hat dieser ja eine Aufgabe zu Ende zu führen, nämlich dem kranken Vater das Lebenswasser zu bringen; noch – das fühlt sie – muß er zur Sanftheit innere Stärke und Widerstandskraft hinzugewinnen, ohne die diese Welt nicht bestanden werden kann. O ja, sie hat ihre Lektion gelernt. Sie weiß, wie verderblich unüberlegtes Handeln sein kann. Zuviel hat sie in der Zeit ihrer Prüfung gekämpft und gelitten, als daß sie jetzt durch einen falschen Schritt zur unrechten Zeit die Zukunft gefährden möchte, die in Gestalt des schönen Jünglings so verheißungsvoll vor ihr steht. So muß ihr Erlöser denn noch einmal Lebewohl sagen, muß hinausziehen, um zuerst sein eigenes Leben, das noch voller Verworrenheit und Gefahren ist, in Ordnung zu bringen.

Nun wird es wieder still um die Jungfrau. Aber es ist eine gelöste, befreite Stille in einer Umgebung, die nicht mehr »verwunschen« ist, wo es wieder Leben gibt, Menschenlachen, Hundebellen, Pferdewiehern; wo man sie – und das ist die wichtigste Neuerung ihres jetzigen Lebensstils – achtet und respektiert. Wenn ein Mensch durch die Hölle der tausend Ängste gegangen, den Tod tiefster Verlassenheit gestorben ist, hundert Jahre lang immer nur anderen beim Leben zusehen mußte und selber keinen Anteil daran nehmen konnte – wenn er dies alles mutig durchsteht in dem redlichen Bemühen, durch alle Schrecknisse hindurch zu seinem eigenen Selbst zu finden, dann ist er am Ende dieses dunklen Wegs ein anderer geworden, dann geht eine innere Gefestigtheit und Sicherheit von ihm aus, die die Umgebung spürt und anerkennt.

Noch ein Letztes bleibt in dieser Zwischenzeit zu

tun: Sie weiß, daß sie ihren Retter einer Prüfung unterziehen muß, zu ihrer beider Vorteil. Noch kennt sie nicht alle Tiefen seines Herzens, noch weiß sie nicht, ob ihn die Erfahrungen ihrer Trennungszeit zum Positiven oder Negativen hin verändern werden. So läßt sie denn eine goldene Straße anlegen, die schnurgerade bis vors Burgtor führt.

Es ist ein kluges und sinnreiches Arrangement. Nur der Mann, der um ihretwillen kommt, der ihre Liebe als das höchste Gut erachtet und nicht das Gold unter seinen Füßen – nur er wird geradewegs darüber wegreiten. Wem das Gold zu schade dafür ist, der ist ein Materialist, dem ein Plättchen schimmernden Metalls, das sein Pferd abtreten könnte, wichtiger wäre als das Gold ihrer Zuneigung. Das erinnert an jene Begebenheit, die im Neuen Testament von einer Frau erzählt wird, die während eines Gastmahls vor Jesus niederkniet und diesem die Füße mit kostbarem Nardenöl salbt. Gerade Judas, der Materialist, dem dreißig Silberlinge mehr gelten als ein Menschenleben – gerade er ist es, der an dieser »Verschwendung« der Frau Anstoß nimmt.

»Ein Haus im Himmelreich steht –
Ein goldener Weg dahin geht...
Da kommt nur der hinein,
Der sich von allen Sünden rein erhielt.«

So singt der Minnesänger Spervogel. Wird er sich bewähren, der junge Prinz, wenn er übers Jahr gezogen kommt? Wird er ins Himmelreich seiner Liebe gelangen?

Erst tauchen ja einmal die falschen Brüder auf, die Mitgiftjäger, die die Jungfrau »zur Gemahlin und das Reich daneben« erlangen wollen. Und schon zeigt sich, daß die Rechnung der schönen Burgherrin voll aufgeht. Der eine reitet rechts, der andere links an der Straße vorbei. Endstation ist in beiden Fällen das Burgtor, wo man sie abweist. Aus ist der schöne Traum. Wem Besitz und materielle Schätze wichtiger sind als Liebe, der ist »der rechte nicht«. Und dann kommt endlich der rechte Freier. Er denkt so sehr an die Liebste, daß ihm die Beschaffenheit des Weges ganz gleichgültig ist; er würde durch Schlamm ebenso reiten wie über Gold, wenn er nur schnell an das ersehnte Ziel gelangt.

»Es gibt keinen Zufall in der Wahl des Weges«, sagt Hedwig von Beit. Es ist also kein Zufall, daß unser sanfter Held es ist, der den richtigen Weg wählt. Übergeordnetes Schicksal und persönliche Freiheit sind untrennbar ineinander verflochten und führen den von Anfang an erwählten Mann auf der goldenen Straße ans Ziel.

So ist also die Schutz- und Trutzmauer, in die sich unsere Jungfrau vor männlicher Übermacht und aus Lebensunsicherheit geflüchtet hat, für sie nicht zum lebenslangen Gefängnis geworden. Ihre Zeit im Schloß war lediglich eine notwendige Durchgangsphase, die sie nun an der Hand ihres Erlösers innerlich gefestigt und gereift hinter sich läßt. Dieser Schluß ist so beglückend, wie er märchenhaft ist, und er wird im Leben der Menschen leider so selten Wirklichkeit.

Wie ist die Situation der Frau heute, an der Schwelle zum dritten nachchristlichen Jahrtausend? »Hüte dich, froh zu sein, wenn er betrübt, und kummervoll, wenn er zu scherzen beliebt«, lautet ein – an die Adresse der Frau gerichteter – mohammedanischer Spruch. Wir schütteln den Kopf und meinen, über solche Zustände seien wir nun doch wirklich hinaus. Verhaltensmodelle dieser Art haben aber ein zäheres Leben, als man glauben möchte. Wie ist es zum Exempel mit so manchem Werbegag, wo dem Pascha der Kragen nicht weiß, der Kaffee nicht aromatisch, der Fußboden nicht glänzend genug ist? Muß da nicht unter der Oberfläche immer noch das alte Rollenbild lauern, da solche Szenen ansonsten ja nicht so werbewirksam wären? Zu tief sind die Furchen, die jahrtausendealte Moral- und Sittenvorstellungen in die Matrix allgemeinen Bewußtseins eingekerbt haben. Und wenn sich diese Denkungsart – zumindest hierzulande – auch gemildert hat, ist sie doch längst noch nicht aus dem Fundus unserer Vorstellungen verschwunden.

Was treibt nur den alten Adam dazu, Eva immer wieder in die alten, abgenutzten und so unvorteilhaften Verhaltensmuster zwingen zu wollen? Ist es vielleicht gar nicht die höhere Moral oder die strengere Geistigkeit, sondern schlicht und einfach die Angst vor dem so irrationalen und für männliches Bedürfnis nach Logik und Transparenz so undurchschaubaren Wesen, das man Frau nennt? Ist es womöglich das Bemühen, eine durch die Mythen aller Zeiten als mächtig besungene Urmacht zu depotenzieren, damit sie nicht zu gefährlich wird?

»Die Frauen tragen ihre Beweise im Herzen, die Männer im Kopf«, sagt August von Kotzebue. Gerade das ist einer der Gründe, warum es uns oft schwerfällt, einen Standpunkt zu »artikulieren«, wenn es um die Verteidigung einer für uns Frauen wichtigen Position geht. Frauen – wenn es Frauen sind – können in der Regel nicht so kühl und emotionslos argumentieren, wie das in einer auf Männergepflogenheiten fixierten Umwelt erforderlich wäre.

Gerade diese Eigenschaften sind es nun aber, die Frauen schon im vorchristlichen Altertum zu Ansehen und Einfluß verhalfen. Nach Tacitus fiel es den Römern beispielsweise auf, »welch große Rolle einige Priesterinnen in der Religion und sogar im öffentlichen Leben der Germanen spielten. Die Frau hatte für Germanen etwas Geheimnisvolles und Prophetisches; ihrem Vorgefühl und ihren Weissagungen maßen sie großen Wert bei.«[18] Von solchen Ausnahmefällen, wo man die Vorzüge der Frau zu schätzen wußte, wurde allerdings die breite Phalanx männlicher Vorurteile nie ernsthaft ins Wanken gebracht. »Heimchen am Herd« war die Vorzugsrolle, die man für die Frau bereithielt. Hier als Beispiel ein Zitat aus einem Traktat für die junge Hausfrau, benannt »Das häusliche Glück«: »Stelle Besen, Stauber und Abwischer nie zu weit aus dem Wege.« Fügen wir diesen Attributen noch Stricknadeln, Kochlöffel und Windelhöschen hinzu, dann haben wir alles beisammen, was aus männlicher Sicht das Glück des Frauendaseins ausmacht. Noch Papst Leo XIII. unterstreicht in seiner Enzyklika »Rerum novarum«, »daß dem weiblichen Geschlecht manche Arbeiten weniger angepaßt sind, und daß überhaupt die Frauen eigentlich für die häuslichen Verrichtungen von Natur aus geschaffen sind«.

Nun ist leider im weiblichen Lager auch nicht alles Gold, was da glänzt. Wenn man sich so manche emanzipierte Dame betrachtet, kann man es den Männern nicht verübeln, wenn sie es mit der Angst bekommen. Da gibt es zum einen eine gewisse Sorte von »Emanzen«, die so sehr mit ihrer Gleichberechtigung beschäftigt sind, daß sie im Mann nicht mehr den Partner sehen, sondern nur noch ein Subjekt, das in Grund und Boden gestampft werden muß – und das in einem Vulgärjargon, der einen Zuhälter erröten macht. Sie glauben, dann am echtesten und urwüchsigsten zu sein, wenn sie sich wie ein wild gewordener Handfeger benehmen. Daneben existiert eine andere Spezies von moderner Frau, die ihre Erlösung auf dem Umweg über den Intellekt sucht. Sie ist kühl wie Eis, funktionstüchtig wie ein Computer und blickt nun ihrerseits auf Frauen, die sich um ihr Hauswesen kümmern, in einer Art von müder Geringschätzung hinunter. Sie ist eher bereit, männliche Überheblichkeit als weibliche Solidarität zu üben. Solche Frauen sind oft schlimmere Snobs als jeder Mann.

Vieles hat sich, wie gesagt, im Lauf der letzten Jahrzehnte – zumindest in der westlichen Einflußsphäre – gebessert. Die rechtliche Stellung der Frau ist nicht ideal, schützt sie aber in der Regel vor allzu krassen Übergriffen aus dem männlichen Lager. Wir leben in einer Zeit allgemeinen Auf- und Umbruchs, und so werden die Strömungen alten und neuen Bewußtseins noch lange durcheinanderlaufen.

Wenn es uns Frauen ernst damit ist, daß wir ganz neue Wege des Miteinanderlebens finden und nicht nur – wie manche radikale Emmas fordern – das herrschende Patriarchat durch ein genauso einseitiges Matriarchat ersetzen wollen (was ein noch größerer Schritt in Richtung Steinzeit wäre), dann wäre es wichtig, erst einmal kompromißlos »weiblich« zu leben, auf all den Männlichkeitswahn in Familie, Öffentlichkeit, Kirche eine ganz und gar feminine Antwort zu geben. Bisher suchen viele Frauen ihr Heil immer wieder darin, eine männliche Kopie zu sein; Grund dafür sind die tausendjährigen Inferioritätsgefühle, die in der Frauenseele ihre Spuren hinterlassen haben. Wenn wir diese Mauer überwinden könnten, sollte uns nichts mehr daran hindern, ganz unbekümmert gefühlvoll, vom Herzen her zu reagieren, wo uns das geheiligte Männerritual intelligente Distanz oder kühle Sachlichkeit auferlegen möchte. Erst eine ganz selbstverständlich gelebte Weiblichkeit, die nicht nach Anerkennung und Absegnung aus dem männlichen Lager schielt, ist wahrhaft gleichrangig.

Es wäre wirklich an der Zeit, auf viele Fragen von heute eine weibliche Antwort zu finden – da den Männern im Ernstfall ja doch immer wieder nur Bomben und Granaten einfallen. Welch eine schöne Vorstellung – muß sie wirklich Utopie bleiben? –, wenn es nicht nur eine Erlösung der Frau gäbe, sondern darüber hinaus eine Erlösung der ganzen Erde aus den verbrauchten Interaktionsmodellen des männlichen Geistes!

Wasser des Lebens

Da sprach der Alte: »Ich weiß noch ein Mittel, das ist das Wasser des Lebens; wenn er davon trinkt, so wird er wieder gesund: es ist aber schwer zu finden.«

Der kranke König ist wieder gesund geworden; Held und Jungfrau haben Hochzeit gehalten; das verbrecherische Brüderpaar ist auf Nimmerwiedersehen verschwunden; die schlafenden Prinzen in der einstmals verwunschenen Burg sind erlöst, und die zwei Löwen haben einen Menschenfreund gefunden: Der kleine, aber mächtige Sohn der Erde kann mit seinen Regieleistungen zufrieden sein. Alle Probleme haben sich – wie das zumeist in Märchen zu geschehen pflegt – gerecht gelöst, nicht zuletzt dank jenem Element, das unserer Geschichte den Namen gab. Mit ihm will ich mich nun noch etwas eingehender beschäftigen.

Wasser – was ist das eigentlich? Nur eine von unzähligen chemischen Verbindungen, bestehend aus zwei Teilen Wasserstoff und einem Teil Sauerstoff? Nur eine Flüssigkeit ohne Geruch und Geschmack? Ein nasser Film auf der Haut, der wegtrocknet, als wäre er nie gewesen? Oder ist es der Regen, der vom Wind getrieben an die Fensterscheiben trommelt? Ist es die ungeheure Weite des Meeres? Eine schäumende Woge am Korallenriff? Ein Gebirgssee, der in der Mittagssonne döst? Oder der Niagarafall?

Bringt es Heilung oder Verderben, Leben oder Tod? Sanft oder gewalttätig, Segen oder Fluch: Was ist es nun wirklich, das Wasser? Es kann alles das sein und noch viel mehr. Die Antwort ist so vielfältig wie das Leben selber und läßt sich auf eine kurze Formel bringen: Ohne Wasser kein Leben.

Wasser ist das Heiligste und Profanste zugleich. Es kann Weihwasser sein oder Rinnsteinbrühe. Dem Verdurstenden ist es Rettung, dem Ertrinkenden bedeutet es Untergang. Wohlbehagen kann es schenken und Gesundheit, aber auch Angst und Schrecken verbreiten. Wir sehen es auf mittelalterlichen Bildern als Paradiesesbrunnen; es ist aber auch Kokytos, der »Fluß der Seufzer«, es ist Acheron und Lethe, das »Wasser des Vergessens«.

Wasser ist ein überaus wunderbares, unverzichtbares Geschenk jener Schöpfungsmacht, die den blauen Planeten zu einem Ort des Lebens bestimmte. Es ist das Urelement, Wiege aller Geschöpfe, die da blühen und leben. Fast kein Schöpfungsmythos, der nicht vom Wasser ausgeht. Für die Babylonier waren am Anfang aller Dinge die süßen Wasser »abzu« und die bittern Wasser »tiamat«, deren Vermischung in sich alle Keime künftigen Lebens trug. Nach dem Glauben der Germanen lag zwischen dem Eis des Nordens und dem Feuer des Südens ein Brunnen, aus dem zwölf Ströme hervorgingen, die die Leere mit Wasser füllten. Aus diesem Wasser entstand unter Mitwirkung des Feuers das erste lebende Wesen: Ymir, der Riese. Auch nach dem 1. Buch Mose lag »Finsternis über der abgrundtiefen Flut«; erst dann beginnt das göttliche Sechstagewerk, an dessen Ende auch der Mensch das Leben erhält. Von dem griechischen Naturphilosophen Thales von Milet stammt der Satz: »Alles entsteht aus dem Wasser.«

Wenn wir die Entwicklungsgeschichte dieser Erde mit den naturwissenschaftlichen Augen unserer Tage betrachten, ist wiederum Wasser der Keimträger jeglicher Evolution. In ihm bilden sich die ersten primitiven Einzeller aus, die sich über viele Erdzeitalter hinweg weiter- und höherentwickeln. Immer kompliziertere Organismen entstehen, mit jedem Schöpfungsmorgen wird die Fauna und Flora vielgestaltiger und reichhaltiger, bis zuletzt der Mensch, die »Krone der Schöpfung«, auf der Bühne des Lebens erscheint.

Zwar gehören wir zu den »Landtieren«, die gern festen Boden unter den Füßen haben; aber auf Wasser können wir dennoch nicht verzichten. Unser Zellhaushalt ist darauf angewiesen, ständig Flüssigkeit zugeführt zu bekommen; länger als jämmerliche drei Tage können wir sie nicht entbehren, ohne in Lebensgefahr zu geraten.

Wasser braucht aber auch die Erde, wenn sie ihre Kinder ernähren soll. Ohne Wasser zerfällt der Boden zu Staub, wird die Ackerkrume vom Wind fortgetragen, bis nur noch das nackte, unfruchtbare Urgestein zurückbleibt.

»Wir verehren das Wasser des Lebens
und alles Wasser auf Erden,
das stehende, fließende und quellende Wasser,
die Quellen, die dauernd fließen,
die gesegneten Regentropfen,
immer ehren wir
die guten und heiligen Gewässer.«[19]

So sangen die alten Essener in ihren Hymnen. Leider ist diese Ehrfurcht immer mehr in Vergessenheit geraten, zumal bei uns zivilisierten Leuten, die ja nur am Leitungshahn zu drehen brauchen, um jede Menge Wasser entnehmen zu können. Wohl gibt es Gegenden auf dieser Erde – denken wir an weite Gebiete des afrikanischen Kontinents –, wo die Menschen um die lebenserhaltende Kostbarkeit dieser Gottesgabe wissen. Was sie zuwenig haben, haben wir zuviel; und während in der Sahelzone die Ernte auf dem Halm verdorrt, weil es kein Wasser mehr gibt, waschen wir unsere Autos damit.

Was wird wohl die Antwort der Natur darauf sein, daß wir Überflußmenschen mit ihrem großen Geschenk so achtlos umgehen, als hätten wir vom lieben Gott selber die verbriefte und gesiegelte Garantie auf unerschöpfliche Wasserreserven – von nun an bis in alle Ewigkeit? Dabei wird frisches Trinkwasser in unseren Zonen bereits heute zur Rarität, in der freien Landschaft schon fast nicht mehr zu finden. Längst sind – wie in vielen Märchen – unsere Brunnen und Bäche vergiftet, »verwünscht«; ein ungefilterter Trunk aus einem unserer Flüsse, die beinahe mehr Abwasser als Wasser führen, käme einem Selbstmord gleich. Selbst der Regen ist nicht mehr »gut« und »gesegnet«, sondern unter dem Einfluß all der Schadstoffe, die wir hunderttausendtonnenweise in die Atmosphäre pusten, zur gefährlichen Dünnsäure geworden, für Pflanzen – zumal Bäume – nicht länger mehr nur Erquickung und Lebensspender, sondern auch Krankmacher und Zerstörer.

Auch in der mittelalterlichen Alchemie spielte »aqua« eine wichtige Rolle. Hier ist nicht mehr bloß stoffliches Leben gemeint, nicht mehr nur eine wäg- und meßbare Einheit im Reagenzglas: Hier geht es um »aqua vitae«, »Wasser des Lebens«, unentbehrlich für jeden spirituellen und psychischen Wandlungsprozeß. Wasser also als Symbol lebendiger Seelenkraft: Ist nicht auch jener Strom in der Offenbarung des Johannes so zu verstehen, »in dem kristallklar das Wasser des Lebens fließt«, der »am Thron Gottes und des Lammes« seinen Ursprung hat?

In unserem Märchen ist jede der handelnden Personen auf ganz persönliche Weise mit dem Element Wasser verbunden. Das Suchen danach, das Finden und der Umgang damit sind der zentrale Angelpunkt aller Ereignisse. Während es für die einen Lebenselixier ist und unbezahlbaren Wert besitzt, betrachten es die anderen lediglich als Mittel zum (höchst unheiligen) Zweck.

Der König ist rettungslos dem Tod verfallen, es sei denn, einer der Söhne schaffte ihm das »Wasser des Lebens« herbei. Für ihn ist es also ein Therapeutikum, das einzige, das ihm Heilung bringen kann. Schon in der Heilkunde der Antike spielt die Behandlung mit Wasser eine große Rolle. Manche Ärzte waren berühmt für ihre Wasserkuren, Asklepiades von Prisne beispielsweise, dem seine Zeitgenossen sogar den Beinamen »Kaltwasserarzt« gaben. In neuerer Zeit war es vor allen Dingen Pfarrer Sebastian Kneipp, der die Heilkraft des Wassers wiederentdeckte. Sein Wahlspruch »Im Wasser ist Heil« hat auch heute noch einen guten Klang, hat schon manchem von der Gicht krumm Gezogenen wieder zu einem erträglichen Dasein verholfen.

Nun ist der König nicht nur dem Leibe nach krank; auch die Seele ist in Mitleidenschaft gezogen. Während das Heilwasser, das ihm die Söhne holen, die körperlichen Beschwerden rasch zum Abklingen bringt – solche Wunder geschehen im Märchen ganz schnell –, muß er für seine seelische Gesundheit selber Sorge tragen. Die Aussöhnung mit seinem Sohn bringt Frieden und Ruhe in sein Herz, ist für ihn

»Wasser des Lebens«, das er von nun an in seinem eigenen Innern finden kann.

Jeder Mensch hat in sich solch einen Lebensquell, der für ihn ein unerschöpflicher Jung- und Gesundbrunnen sein kann. Man muß nicht über Land ziehen, um ihn zu finden. Dennoch wird die Suche danach zumeist eine lange und mühevolle Reise durch die Labyrinthe und Wüsten der eigenen Psyche. Da gibt es keine bequemen Straßen, keine ausgefahrenen Geleise, denen man einfach folgen könnte, und auch keine Patentrezepte, wie man am schnellsten ans Ziel kommt. Für jeden Suchenden wird der Weg ein anderer sein. Der einzige Kompaß, den man auf dieser »Reise durch sich selber« verwenden kann, ist die Bildersprache der Träume und jene geheimnisvolle Kraft am Grund unserer Ahnungen und Gefühle, die in den Upanishaden »der heimliche innere Lenker« genannt wird. Manchmal kann es geschehen, daß wir gewissermaßen den Zugang zur Quelle »vor den Füßen« haben und ihn dennoch nicht wahrnehmen. Diese Quelle ist ja, so schreibt C. G. Jung, »im inneren Menschen verborgen, und zugleich ist das allgemein verbreitete Wasser oder das Meerwasser ihr Symbol«[20].

Wir dürfen auf der Pilgerfahrt zu unserer Lebensquelle also nicht immer auf überwältigende Erlebnisse von letzter mystischer Tiefe warten. Es gibt daneben auch die kleinen, viel unaufwendigeren Freuden am Wegesrand, die man nicht verschmähen soll, können sie doch so erfrischend und belebend wirken wie ein Trunk »Wasser des Lebens«. Ein plötzlich aufblitzendes Gefühl der Freude, am Leben zu sein, Dankbarkeit für eine erfüllte Stunde im Kreise guter Freunde, für ein gutes, hilfreiches Gespräch, die selige Selbstvergessenheit beim Anhören einer Mozartsinfonie, die kleine Sensation der ersten Huflattichblüte im zeitigen Frühjahr: In all diesen kleinen Kostbarkeiten ist für den, der sie bereiten Sinns erlebt, ein Funken Paradies enthalten, etwas von jener unaufhörlichen Freude, die wir mit »ewiger Seligkeit« meinen. Man sollte sich wohl vor dem Mißverständnis hüten, dann jener innersten Quelle in uns am nächsten zu sein, wenn wir in einer Art ekstatischem Dauerzustand leben. Verachten wir den Wert der einfachen Dinge nicht; in ihnen kann viel Einsicht und Weisheit verborgen sein.

Während der König unseres Märchens sich also vom »Wasser des Lebens« vor allem Heilung seiner Krankheit erhofft, geht es für den jungen Helden der Geschichte um etwas anderes: Er will das Wasser nicht für sich selber haben, sondern für den kranken Vater; dessen Wiedergenesung wäre ihm schon Lohn genug. Seine Sohnesliebe erwirbt ihm aber ganz unerwartet ein Kleinod, von dem er bei Antritt der Reise noch gar nichts wußte: Die Jungfrau, die Hüterin des Lebensbrunnens, vertraut sich ihm an. Ihre Weiblichkeit erschließt ihm den Zugang zu seiner eigenen inneren Liebesquelle, die für ihn »Wasser des Lebens« ist und ihm ein Leben lang Kraft spenden kann, denn sie ist das »Symbol der stetig sich erneuernden Lebenskraft, der nie ablaufenden Uhr«[21]. Früher, als es noch echte, ursprüngliche Frömmigkeit gab, konnte die Wallfahrt zu einem Gnadenort auch eine Suche nach dem lebendigen Quell sein. Mit abnehmender Glaubensintensität haben viele dieser Orte ihren numinosen Charakter verloren. Aber es gibt noch Stätten, wo etwas vom gnadenreichen Wirken eines außergewöhnlichen Menschen über alle Zeit hinweg spürbar ist. Solch ein Ort ist das Kloster der seligen Irmingard auf der Fraueninsel im Chiemsee (auch hier wieder Wasser und Jungfrau in enger Nachbarschaft), ein vergleichsweise bescheidener Gebäudekomplex mit einer kleinen, dunklen Kirche. Dieser uralte Bau ist erfüllt von einem tiefen, wenn man will »weiblichen« Frieden, den man sofort wie einen wärmenden Mantel spürt, wenn man über die ausgetretene Steinschwelle ins Innere tritt. Hier kann man die lösende Heilkraft der Stille erfahren, die andächtige Gebete in Jahrhunderten angesammelt haben. Zahllose Votivtafeln, alte und neue, kleine und große, kunstvolle und ungelenke, manchmal nur ein mit Bleistift gekritzelter Zettel aus einem Schulheft, alles Danksagungen und Bitten an die liebe Selige, hängen an den Wänden des Altarumganges. Das ganze menschliche Elend gibt sich hier ein Stelldichein. Der Dank für eine erfolgreiche Kropfoperation hängt neben einem inbrünstigen Vergeltsgott für Hilfe aus Seenot, die Bitte um Beistand bei der Wohnungssuche neben einem Danktäfelchen, in dem vom glimpflichen Ausgang einer Benzinexplosion berichtet wird. Liebenswürdig blickt Irmingard selber aus ihrem Bilderrahmen auf ihre Besucher herunter – irgendwie »menschlich« und unpathetisch; vielleicht ist das das Geheimnis ihres Erfolges.

Kehren wir zum Märchen zurück: Während der jüngste der drei Brüder also die Quelle findet, die für den kranken Vater und für ihn selber Lebenswasser führt, bleibt das ältere Brüderpaar im Gestrüpp seiner eigenen Bösartigkeit hängen und versagt kläglich. Für die zwei Opportunisten ist der Becher mit dem kostbaren Wasser nur ein Faustpfand, ein Druckmittel, das sie bei der Verfolgung ihrer ehrgeizigen Zukunftspläne wirkungsvoll einzusetzen gedenken. Nicht aus Liebe ziehen sie hinaus, nicht aus Besorgtheit um den Vater, sondern um sich eine gute Ausgangsposition zu sichern, wenn es an die Verteilung des Erbes geht.

Solchen Bemühungen verschließt sich die Quelle. Wer nicht ehrlich und in guter Absicht zu ihr kommt, dem bleibt der Zugang zu den lebendigen, heilenden Kräften in sich selbst und draußen in der Welt verschlossen. Mehr noch: Was anderen zum Segen gereicht, wird für ihn eine Quelle des Unglücks. »Wasser des Lebens« läßt sich nicht mißbrauchen.

Auch wenn sich die beiden Brüder den Besitz des wundersamen Tranks vorübergehend erschleichen können, bringt ihnen das keinen dauerhaften Gewinn. Der zeitweilige Erfolg ist nur eine Scheinblüte, die über Nacht verwelkt. Unversehens stehen die beiden Glücksritter vor dem Scherbenhaufen ihrer Ambitionen, müssen Fersengeld geben, um ihren Hals retten zu können. Man möchte ihnen wünschen, daß sie in der Zeit, die ihnen noch bleibt, zur Besinnung kommen und eine innere Umkehr schaffen.

Während der Held unserer Geschichte, der ja ein Mann ist, erst hinausziehen muß, um die Quelle zu finden, lebt die Jungfrau dort, wo diese entspringt. Ihr Problem ist, daß sie zwar Zugang zu ihrem Lebensbrunnen hat, diesen aber nicht nutzen kann, weil sie »eingemauert« ist, ausgesperrt von einem sinnvollen Leben in der Gemeinschaft. Es muß ein Erlöser erscheinen, der ihr über diese Barriere hinweg ins Leben hineinhelfen kann. Erst in der Freiheit jenseits des Tors werden sich ihre Fähigkeiten voll entfalten können, wird ihr Seelenreichtum, von lebendigem Wasser getränkt, Früchte bringen.

Jungfrau und Quelle gehören in Mythologie und Alchemie eng zusammen. Isis zum Beispiel, die große Zauberin, besitzt das Wasser des Lebens, das

»Lebenselixier«. Ziehbrunnen und Springbrunnen sind der Jungfrau Maria heilig. Man denke an so berühmte Wallfahrtsorte wie Lourdes, wo es die heilige Jungfrau ist, die über die Wunderkräfte des Wassers wacht.

»Die Quelle aber kommt von unten«, schreibt C. G. Jung. »Nur unten ist der feurige Quell des Lebens zu finden. Dieses Unten ist die Naturgeschichte des Menschen.«[22] Und so schließt sich denn der Bogen innerer Zusammenhänge auch hier wieder: Von der Jungfrau führt er zur Quelle, von dieser hinunter in die Tiefen der Erde, wo das Wasser seinen Ursprung und menschliches Dasein seine Wurzeln hat. Nur wenn dieses existentielle Wurzelgeflecht genügend vom Lebenselixier der großen Mutter erhält, können Körper und Geist gesund bleiben, ist der Mensch an die Ströme immerwährenden Lebens angeschlossen, die weit über sein begrenztes Dasein hinausreichen.

Was ist also Wasser, um die Anfangsfrage noch einmal aufzugreifen? Vielleicht könnte man die erste Antwort vertiefen und sagen: Wasser ist der Inbegriff allen Lebens, des körperlichen wie auch des geistig-seelischen. In ihm ist das heilige Chaos aller Möglichkeiten, die einmal wirklich werden können. In ihm findet unaufhörlich Schöpfung statt. Hermann Hesse nennt es »die Stimme des Lebens, die Stimme des Seienden, des ewig Werdenden«. Dabei ist die ungeheure Weite des Ozeans nicht wunderbarer als ein einzelner Tropfen davon.

Darüber hinaus hat »Wasser« für jeden Menschen einen anderen Klang, weckt andere Bilder, die von den persönlichen Erfahrungen und Lebensumständen des einzelnen abhängen.

Für mich ist es untrennbar mit einem kleinen

Bächlein aus Kindheitstagen verbunden, an dem ich zwischen Zittergras und Bachnelkenwurz unvergeßliche Sommernachmittage erlebte, wo ich das »Wesen Wasser« erfuhr – seine Kühle, seine Klarheit, seine überschäumende Lebendigkeit, seine freundlich-betuliche Mitteilsamkeit. Die Wolkenbilder, die groß, ruhig und weiß auf dem Wasserspiegel dahinsegelten, die Silberblitze des Sonnenlichts, wenn von übersprühten Uferpflanzen die Tropfen wie Diamanten zurück in die Strömung fielen: Dies alles war Teil einer glücklichen Versunkenheit, voll von Himmel, Sonnenschein und Gräsergewirr, von der herben Süße des Wiesensalbeis durchduftet und immerzu begleitet von dem geheimnisvoll lachenden Geplauder des kleinen Bachlaufs, der in all dieser Zeit zu mir sprach, mir Wunderdinge anvertraute, die sich nicht in Worte fassen lassen und die ich doch heute noch im Ohr habe.

Leider heißt Erwachsenwerden oft, den Zugang zu dieser Kinderseligkeit verlieren, in der doch die Lebensquellen sind. Und so müssen wir in späteren Jahren das mühsam zurückholen, was wir am Anfang des Lebens schon einmal besessen hatten. »Das Leben ist vertrocknet und gehemmt und verlangt infolgedessen nach der Auffindung der Quelle«, schreibt C. G. Jung. »Die Quelle aber kann nicht aufgefunden werden, wenn sich das Bewußtsein nicht dazu bequemt, ins ›Kinderland‹ zurückzukehren.«[23] Vielleicht fühlen deshalb so viele Menschen den seltsamen Zauber, der vom Gesang eines Wasserlaufs ausgeht? Gurgelnd, gluckernd, wispernd, raunend, kichernd, zischend, rauschend, einmal geschwätzig, einmal beschwichtigend, einmal einlullend dunkel, dann wieder aufschäumend zu einem hellen Fortissimo, hat er etwas von einem uralten Märchen an sich, macht den Lauschenden wieder zum Kind, das der Mutter Erde zuhört.

Nun wissen wir aus den Erfahrungen des täglichen Lebens freilich recht gut, daß diese Erde keinesfalls nur wunderbar, herrlich, ein Ort der idyllisch rauschenden Bäche ist. Sie kann erbarmungslos sein, achtlos über die Schmerzen und Nöte des einzelnen hinwegschreiten; sie kann grausam sein, bitter, tödlich, diese unbegreifliche Mutter. Ebenso ist Wasser nicht nur das lebenspendende Element, es kann auch Leben zerstören, es kann erschreckend und furchtbar sein. Wer während eines Orkans auf dem Meer ist, dem wird es als brüllendes, tobendes, alles verschlingendes Ungeheuer begegnen. Wer erlebt hat, wie zerstörerisch ein sonst friedlicher Flußlauf bei Hochwasser sein kann, wie er in schäumender Rücksichtslosigkeit nicht Baum, nicht Haus noch Mensch verschont, wird zur Munterkeit des Wiesenbächleins noch einige abgründigere Eigenschaften dazudenken müssen.

Und doch: Ist das Leben, das uns diese undurchschaubare Mutter gewährt, nicht trotz allem eine überwältigend großartige Sache? Zugegeben, es kann häßlich sein, aber auch herrlich; erbarmungslos, aber auch zärtlich; wild wie die Beutekrallen eines Raubtiers und sanft wie das Streicheln einer lieben Hand. Nur wer mutig genug ist, aus den Mauern der Angst hinauszutreten in die offene Weite des Daseins, wer mit einem Becher Lebenswasser versehen sich dem großen Strom des Lebens anvertraut, wird neben dem furchtbaren auch das wunderbare Antlitz der Erde erfahren können. Das ist kein leichter Weg. Manche probieren ihn aus und flüchten verschüchtert zurück in den Schutz ihrer verwunschenen Burg. Manche wagen den Schritt nie, sind lieber mit dem zufrieden, was ihnen die Beschränktheit eines einsamen, aber sicheren Gemäuers bieten kann.

Nicht nur für unsere Körperfunktionen brauchen wir also das »Wasser des Lebens«; wir brauchen es auch, damit der innere Mensch nicht austrocknet und unfruchtbar wird. Je reicher sich uns die lebendigen Quellen in den Tiefen der Seele erschließen, desto weiter tut sich der Garten des Lebens vor uns auf. Selbst die beschwerliche und mühevolle Plackerei eines ganz normalen Alltags kann dann erfüllt und befriedigend sein, wenn wir sie in dem Wissen tun, daß es keine Hierarchie der menschlichen Arbeit gibt, keine »minderen« und »besseren« Tätigkeiten, sondern daß es vor allem darauf ankommt, mit Lust und Sorgfalt am Werk zu sein. Der Bauer, der sein Feld bestellt, die Mutter, die mit ihrem Kind Lego-Burgen baut, der Philosoph, der einen gelehrten Vortrag hält, der Fernfahrer, der seinen »Brummi« über die Autobahnen steuert, der Forscher, der sich übers Mikroskop beugt: Sie alle sind Teil im großen Puzzlespiel des Lebens, eines so wichtig wie das andere und keines durch ein anderes ersetzbar.

Wenn nun aber der Regenbogen am Gewitterhimmel nicht mehr von der Kraft und Herrlichkeit der Natur offenbart als der Brennesselbusch am Gartenzaun, wenn alles seine Einmaligkeit und Begrenztheit zugleich hat, dann wird sich auch das Leitbild vom ganzheitlichen Menschen danach richten. Nicht mehr der Brave, Angepaßte, Moralische scheint den tiefsten Schluck aus der Quelle des Lebens und der Weisheit genommen zu haben, sondern der innerlich freie, ehrliche, aufgeschlossene, der »menschgewordene« Mensch; einer, der lacht, wenn es Zeit zu lachen, und weint, wenn es Zeit zu weinen ist; der sich nicht wichtiger (aber auch nicht unwichtiger) nimmt, als der liebe Gott ihn gedacht hat; einer, der lieber auf menschliche Weise unvollkommen ist als auf unmenschliche Weise vollkommen.

Ein Mensch, der diese Stufe erreicht hat, kann getrost alle Gebote und Verbote dieser Welt vergessen, er wird dennoch den »guten Gang« gehen. Das ist jener Weg, der nur für den passierbar ist, der es gefunden hat und zu nutzen versteht: das »Wasser des Lebens«.

ANMERKUNGEN

1 Doug Boyd, Rolling Thunder, München 1983
2 Galen aus: K. Pollak, Die Heilkunde der Antike, Wiesbaden 1978
3 Doug Boyd, Rolling Thunder, München 1983
4 Kahlil Gibran, Der Prophet, Olten und Freiburg 1981
5 B. Székely, Hrsg. Das Friedensevangelium der Essener, Bd. 3, Südergellersen 1978
6 Häuptling Seattle, Wir sind ein Teil der Erde, Olten und Freiburg 1983
7 B. Székely, Hrsg. Das Friedensevangelium der Essener, Bd. 3
8 B. Székely, Hrsg., ebenda
9 Häuptling Seattle, Wir sind ein Teil der Erde, Olten und Freiburg 1983
10 ebenda
11 C. G. Jung, Psychologie und Alchemie, Olten und Freiburg 1972
12 Kahlil Gibran, Der Prophet, Olten und Freiburg 1981
13 C. G. Jung, Psychologie und Alchemie, Olten und Freiburg 1972
14 C. G. Jung, ebenda
15 William Willoya und Vinson Brown, Im Zeichen des Regenbogens, Haldenwang 1981
16 ebenda
17 Kahlil Gibran, Der Prophet, Olten und Freiburg 1981
18 R. I. M. Derolez, Götter und Mythen der Germanen, Suchier & Englisch 1974
19 B. Székely, Hrsg., Das Friedensevangelium der Essener, Bd. 3
20 C. G. Jung, Mysterium Coniunctionis, Olten und Freiburg 1971

21 C. G. Jung, Psychologie und Alchemie, Olten und Freiburg 1972
22 ebenda
23 ebenda

Weisheit im Märchen
Herausgegeben von Theodor Seifert

Neben dem vorliegenden Band sind erschienen:

THEODOR SEIFERT · SCHNEEWITTCHEN
Das fast verlorene Leben

ANGELA WAIBLINGER · RUMPELSTILZCHEN
Gold statt Liebe

INGRID RIEDEL · HANS MEIN IGEL
Wie ein abgelehntes Kind sein Glück findet

HELMUT REMMLER · DER KÖNIGSSOHN,
DER SICH VOR NICHTS FÜRCHTET
Mit vierzig fängt das Leben an

VERENA KAST · DER TEUFEL
MIT DEN DREI GOLDENEN HAAREN
Vom Vertrauen in das eigene Schicksal

HILDEGUNDE WÖLLER · ASCHENPUTTEL
Energie der Liebe

HANS JELLOUSCHEK · DER FROSCHKÖNIG
Ich liebe dich, weil ich dich brauche

LUTZ MÜLLER
DAS TAPFERE SCHNEIDERLEIN
List als Lebenskunst

FRANZ KAUFMANN
DER GESTIEFELTE KATER
Was einer aus sich machen kann

Kreuz Verlag

Buchreihe *Symbole*

C. G. Jung hat nachgewiesen, daß der Mythos in den Träumen auch derjenigen Menschen lebendig ist, die bewußt von ihm keine Kenntnis haben. Er stellte die Hypothese auf, daß es ein kollektives Unbewußtes gibt, das den Erfahrungsschatz der Menschheit an den einzelnen vermitteln kann. Auf der Basis tiefenpsychologischer Erkenntnismethoden lassen sich Mythos, Realität, der einzelne und das Kollektiv sinnvoll aufeinander beziehen und miteinander ins Gespräch bringen. Die Autoren der Reihe »Symbole« fühlen sich dem Ansatz C. G. Jungs verpflichtet. Jeweils von einem Symbol oder Mythos ausgehend, zeigen sie den Horizont der Wirklichkeit, der von ihm erhellt wird. Zugleich erschließen sie einen neuen Zugang zur Bibel, deren Geschichten unmittelbar zum heutigen Menschen sprechen, eben weil ihre Sprache symbolisch ist.

Folgende Bände sind bisher erschienen:
Verena Kast, Paare
Ulrich Mann, Schöpfungsmythen
Gerhard Marcel Martin, Weltuntergang
Christa Mulack, Maria
Ingrid Riedel, Farben
Ingrid Riedel, Formen
Paul Schwarzenau, Das göttliche Kind
Uwe Steffen, Drachenkampf
Uwe Steffen, Jona und der Fisch

Kreuz Verlag